無言館はなぜつくられたのか

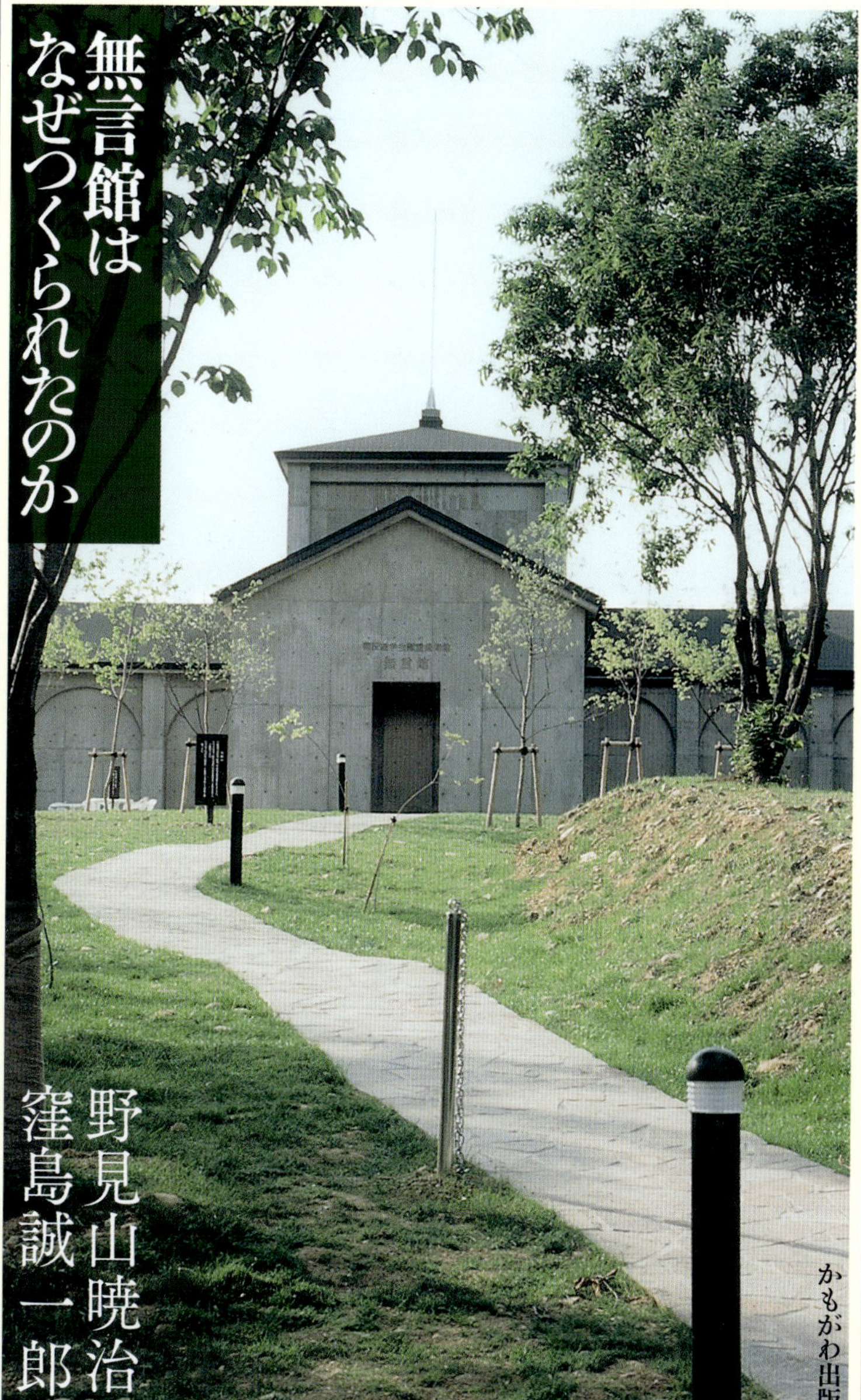

野見山暁治
窪島誠一郎

かもがわ出版

【カバー写真】戦没画学生が使っていたパレット
【扉の写真】無言館の正面

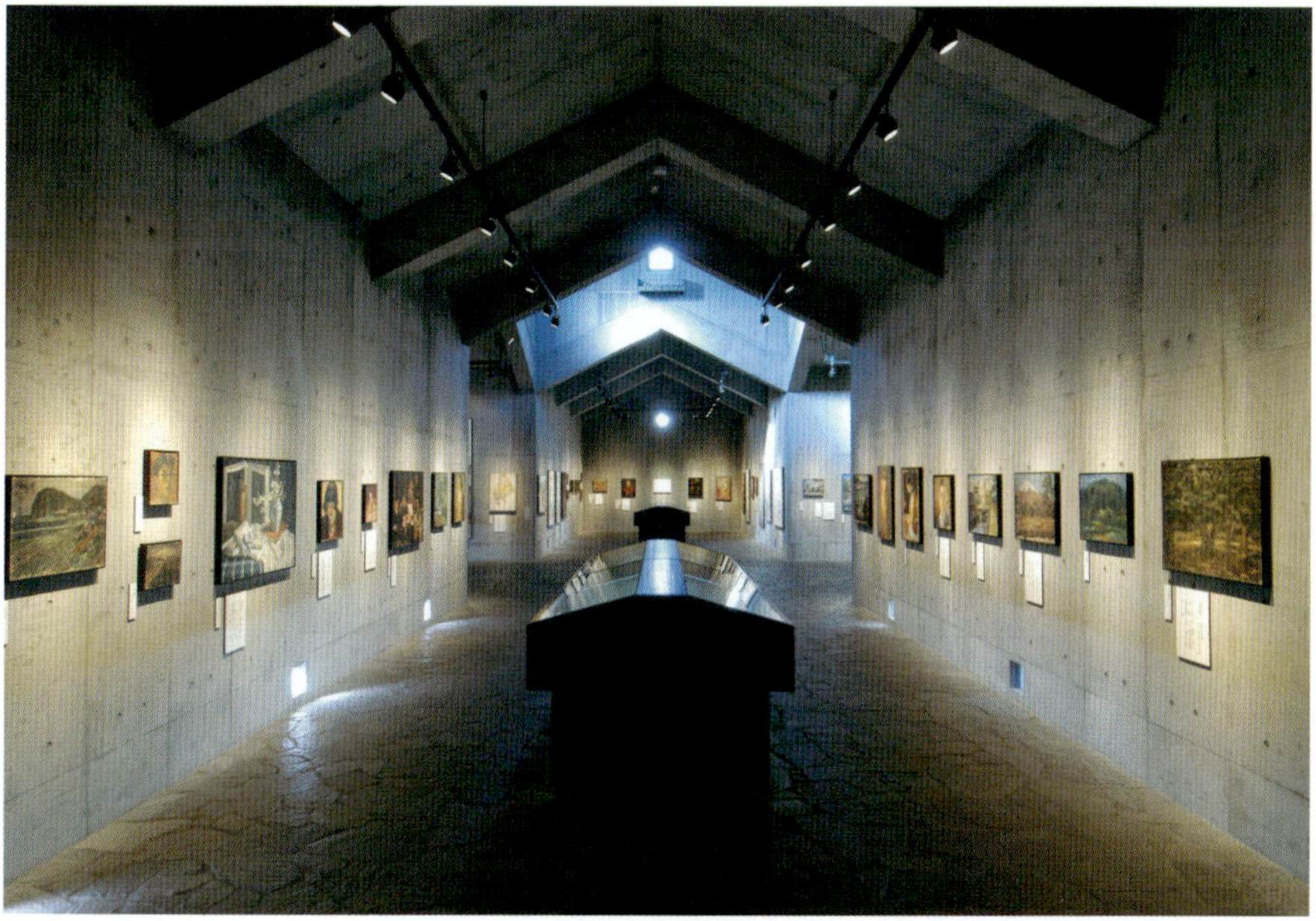

無言館の展示室

展示室の遺品ケース

無言館の前庭にある「記憶のパレット」

「信濃デッサン館」（現「残照館」）

第二展示館前の「絵筆の碑」
（ペンキ事件を再現してある）

【上】工事開始の地鎮祭（中央が窪島館主）

【中左】進む建設工事

【下】完成した無言館

【中右】戦没画学生の遺作収集のきっかけとなった『祈りの画集』

対談する野見山暁治画伯（左）と窪島誠一郎館主

第二展示館「傷ついた画布のドーム」での二人

遺族宅を訪問した二人

預かった遺作を運ぶ窪島館主

アトリエでの野見山画伯

第二展示館に併設された「オリーヴの読書館」

年一回開かれる無言忌（挨拶しているのは野見山画伯）

無言館の成人式（手紙を渡しているのはノーベル賞受賞者・小柴昌俊氏）

無言館は全国へ（立命館大学国際平和ミュージアムに併設された京都館「いのちの画室」）

まえがき

戦没画学生慰霊美術館「無言館」は、一九九七年五月二日、長野県上田市郊外の丘の頂きに、私設美術館「信濃デッサン館」の分館として開館した。現在館内には先の太平洋戦争、あるいは日中戦争によって画家への夢を絶たれた戦没画学生百八名の、凡そ二百点におよぶ遺作と、それにまつわる遺品、資料などが展示されている。

よく来館者から、「なぜこの美術館はできたのですか」とか、「どうやって遺作を集められたのですか」といった質問をうける。そのたびに館建設のきっかけをあたえてくださった洋画家の野見山暁治さんとの出会いや、二人で全国のご遺族宅を訪ねあるいたことなどを説明するのだが、いま一つ要領を得ない。おそらく、この館を建設した動機や開館するまでの経緯を、そんなふうに簡単にひとくちで語ることは不可能だからだろうし、ことによると私たち自身がまだ、「無言館」という美術館の出自をしっかりと把握できていないからでもあるのだろう。

そこで、そもそも「無言館」はなぜできたのか、画学生たちの絵はどんなふうに集められたのか、という問いに対する答えを、もう一度開館した十三年前に立ちかえって、野見山さんと私とで語り合い、整理してみようと思い立ったのがこの対談集の出版である。この本を読んで、「あ、そういうことだったのか」「そんなふうにこの美術館はできあがったのか」とわかってもらえたら幸せである。

「無言館」館主　窪島誠一郎

無言館はなぜつくられたのか ❖ もくじ

装幀　上野かおる

第一章　還らなかった画友たち

美校時代の野見山画伯、出征のための荷造りが進んでいる。当時、豊島区長崎町にアトリエばかりの界隈があり、通称、パルテノンと呼ばれていた。そのアトリエの一つで。（昭和 18 年 9 月）

二人の出会い

窪島　お久しぶりです。無言忌は六月の第一日曜日ですが、先生はこの無言忌以外に最近はいらっしゃらないので、久しぶりに無言館においでになって、いかがでしたか？

野見山　この寒い冬の季節に来たのは初めてです。

窪島　そうですね、だいたい緑が濃くなってからいらしていますからね。

野見山　展示を見たけれど、前と印象が変わったね。

窪島　最初のうちは、先生のご出身の東京美術学校（東京芸術大学美術学部の前身、以下美校）の画学生の作品が多かったのですが、今はそれ以外の学生（帝国美術学校、京都市立絵画専門学校など）の作品もずいぶん集まってきていますから。

野見山　どうりで、美校の生徒の作品とちがって、どこか大人びた作品もある。初めの頃に比べると、作品がかなり違った土壌から掘り起こされて集まってきたんだね。

窪島　ええ、でも、作品は少しずつ入れ換えているんですよ。先生が初めていらしたのはいつでした？

野見山　この地に最初に来たのは、槐多忌《かいたき》（二月の第四日曜）の対談の時。あの時も寒かったな。
窪島　詩人で画家の村山槐多の命日にちなむ槐多忌は、今年で三十一回目なんです。無言館の本館にあたる信濃デッサン館の主催でずっと続けてきました。先生が来て下さったのは今から十五年くらい前です。あの時の出会いがなければ、今、無言館はありませんね。
野見山　あの時に話が突然……。
窪島　そうそう。突然というか、たしか槐多忌が終わって駅までお送りする時でしたが、戦地で亡くなった野見山先生の仲間たちの絵をデッサン館に並べたいと、僕が言ったんです。あの時は黒柳徹子さんも側《そば》にいらっしゃって、「大賛成だ」と言って下さいました。ただ、その時は先生には詳しいことを申し上げられなかったので、あらためてお願いにお伺いしたんです。
野見山　そうだったね。
窪島　僕にとっては、もちろん当時から、野見山さんは雲の上の絵描きさんでしたから……。でも、先生のお書きになった『祈りの画集―戦没画学生の記録』（日本放送出版協会、一九七七年）を読んでいましたので、どちらかといえば亡くなった画学生の訪問と遺作の収集で苦労した方というのが、当時の野見山さんに関する浅い知識でした。あの時、対談ではどんなことをしゃべりましたっけ？

野見山　対談では、僕はほとんどしゃべっていなかったような気がする。黒柳さんの話が面白かったから、対談といっても僕は聞き役で、「へえ、そうですか」と言っていただけだった。

窪島　僕も対談がどうこうというよりは、先生との出会いそのもののほうの記憶が強くて……。

野見山　あの時のテーマはたしか「生きる」ということだった。ユニセフ大使をしておられた黒柳さんが訪問したどこかの国の現地で、栄養失調で臥《ふ》せている子どもに「大人になったら何になりたい？」という質問をしたら、「大人になるまで生きていたい」と答えたという話を聞いて、僕はじーんときてね。黒柳さんに、それはどこですか？　どういう状況で人間が生きているのですか？　と質問をしたものです。

窪島　あの時はもう一人、NHKアナウンサーの西橋正泰さんが聞き手としておいでになりました。彼も上手に進めてくれましたね。

野見山　そんなことを黒柳さんにずっと聞いていたら、終り頃になって、窪島さんに「ところで戦没画学生を訪ねてまわってどうだったんですか」と聞かれたのです。

窪島　そうです、そうです。なんと言っても、それが一番聞きたかったことでしたから……。それで後日、あらためて先生のところに、「もう一度一緒に歩きましょう」とお願いに行ったというわけです。

戦争の記憶

窪島　僕にとって先生は、現役で絵描きの仕事をされている僅かな戦中派のお一人なんですが、この間、何かの本を読んでいたら、昭和二十年の終戦の日のことをはっきり覚えている人は「戦前派」、覚えていない人は「戦後派」だと書いてありました。

野見山　窪島さんは何年に生まれたの?

窪島　僕は昭和十六年十一月二十日生まれです。昭和十八年に宮城県の石巻の外れの渡波《わたのは》というところに疎開して、そこで一年暮らしました。育て親に手を引かれて東京の明大前に戻ってきたのが、昭和二十年の九月です。

野見山　昭和十六年十一月二十日と言えば……。

窪島　真珠湾攻撃の三週間前です。つまり、「終戦の日のことを覚えていますか」と問われると、はっきりとは覚えていないのだけれど、うっすらとした記憶だけがあるんです。戦時中の松原町界隈は——今は明大前と言われているところですが——、「山の手空襲」といわれる爆撃で最後の最後にやられて、それからB29の編隊は沖縄に向かったんですが、当時、下高井戸や松原三丁目は少し町外れに行くと、空襲から外れていたので少しも焼けていなかった。あの辺ではうちの家のあった一角だけが焼け出された。甲州街道沿いに焼け土がずっとひろがって、ぽつんぽつんと廃墟のようなバラックが建っていた。それは覚えているけれども、終戦の日のことをきちんと秩序だって喋れるかというと、ぼんやりとした焼け跡のシーンがいくつかパッチワークのように浮かぶだけです。ですから「戦前派」とも言えないし、「戦後派」とも言えない。この「どっちとも言えない」というのが重荷というか、「どっちでもないところに立つ」不安というか、そんなところが僕にとっては精神的に非常に大きなことだったたですね。

野見山　そんなことが君にあるとは思わなかった。考えてみればそうだね。

窪島　先生は終戦の時は？

野見山　終戦の時は、福岡の海っぱたにいた。福岡の街から海ぞいに電車で三十分ほど行った傷痍軍人療養所にお世話になっていたんだ。

窪島　そうでしたね、あの『四百字のデッサン』（河出書房新社）にも書いておられましたが、先生が美校に入ったのは昭和十三年でしょう？　なぜ美校を選ばれたのですか？

野見山　子供のころから絵が好きだった。べつに、画家になりたい、というような決意を、ある年ごろになってしたわけではなく、ごく自然に、このまま絵を描いてゆけたらいいな、と学校に入りました。すでに中国との戦いも始まっているし、日本は軍事力をぐんぐん高めている最中ですから、当然、そうした世の趨勢からいっても、父の個人的な意見としても、反対されました。幸いなことに僕は学校の成績がとても悪かったので、他の職業を選ぶことは無理だった。

窪島　戦争に取られたのは何年生の時？

野見山　三年生の時に僕は胸をわずらい、それで一年落第しました。結局一年遅れて卒業ということになり、僕と同じ学年だった奴は、一年早く兵隊にとられました。当時は卒業を半年早めていた。

窪島　繰上げ卒業は、昭和十八年の九月でしたね。

野見山　ええ、九月。入隊は十一月一日。それから僅か一ヶ月遅れの十二月一日には学徒出陣で、在校生も根こそぎ行っている。

窪島　あの明治神宮の出陣学徒の壮行会は有名ですよね。

野見山　だから、ある意味では戦争中、最後の卒業生ですね。

戦前の東京美術学校

窪島　先生が絵を描いておられた美校時代の空気はどんなでしたか？　戦争が昭和二十年に終わった後とでは、美校生の気持ちはずいぶん違ったのでしょうね。

野見山　どうだったかな……。昭和十六年に開戦で、僕は昭和十八年の卒業だが、学徒出陣に出られない身体の虚弱な美校生などはそのまま学校にいたのでしょう。学校がどうなったか、あとのことはわかりません。

窪島　あの時代、戦争を越えてお元気なのは、浜田知明さんとか、安野光雅さんとか、彫刻では佐藤忠良さんとか、それぐらいですかね？

野見山　日本画の稗田一穂、日展洋画の庄司栄吉、彼らも同級生です。僕らの頃は美校にいれば日展系がほとんどだからね。現在残っている人たちは日展系にいるんじゃないかな。

窪島　無言館の前庭にある「記憶のパレット」という慰霊碑には、美校時代のモデルさんを囲んで絵を描いている授業の風景が刻まれていますが、あんなふうな感じで描いていたんですか？

野見山　はい。

窪島　モデルさんの来る時間は決まっていたんですか？

野見山　決まっていて、九時に来て十二時に帰ったのです。三時間です。三十分が一つの単位で、二十分描いては十分休みです。

窪島　無言館に来るお客さんで、戦時中も女性の裸が描けたのですか？　なんて聞いてきたおばあちゃんがいました。

野見山　描いてました。午前中は実技といって、油画科は卒業するまで裸です。

窪島　へえ、絵の実技はずっと裸だったんですね。

野見山　他に学科といっても、数学や物理なんかがあるわけではなく、美術史とか何とか絵と関係のある科目ですから、ま、殆ど絵さえ描いていればいい。僕にとっては楽しいところでしたが、教練はありましたよ。現役の陸軍将校がやってきて、週に二時間。中学以上の学校は当時、そうなっておりました。そうしてだんだんエスカレートしてきた、戦争になっちまったのでね。

窪島　憂鬱だったでしょう。

野見山　憂鬱だった。

窪島　わかりますよ。

野見山　言ってみれば校長よりも権限をもちはじめたのです。なにしろ文部大臣も軍のお偉いさんだから。

窪島　芸大にあった、ロダンの青銅時代の彫刻が撤収になったというのは本当なんですか？

野見山　いや、撤収にはならなかった。配属将校が「ロダンは敵国の人間だから供出しろ」と言ったけれど、それをやめさせるために皆で学校当局に嘆願に行ったのです。それで嘆願が通ったので、撤収にならなかった。

窪島　ロダンだったから守られたけれど、ほかに撤収になった作品はなかったのですかねぇ？

野見山　いや、なかった。ラグーザという人の彫刻作品がたくさんあったけれど、壊せとは言わなかったから……。そうなれば、僕が油絵を描いていたのはヘンだと思うのだけれど。幸か不幸か、油絵なんて西洋人の描いたものは当時の美校には一枚もなかったから、撤収しろということはなかった。

窪島　でも、もっとストイックに考えれば、油絵は西洋の絵の具で描いている、つまり敵国の素材で描いているわけですよね。

野見山　そうです。

窪島　そこまでは遡れなかったのですね。

野見山　そうでしょう。それより僕は、美術学校の中に油画科というのがあったのは奇妙なことだなと思ってました。油絵具というのは西洋人の材料でしょう。でも当時の画学生は西洋人の描いた油絵を一枚も見たことがなかったのだから……。これはとても不思議だった。

志願兵募集を拒否

窪島　学校の軍事化はどんなふうに進んだんですか?

野見山　陸軍も海軍も学生の間で志願兵募集ということをした。学校にいる配属将校は、盛んにあおっていました。「予備学生」というのです。つまり、予備仕官学校に行って、将校になるコースを作った。

窪島　将校になると、早くは帰ってこられなくなるのですよね。

野見山　それは知らないけれど、応募をすれば、十一ヶ月間そこで教育を受けて、その後、原隊にもどり、将校としての見習いを受けて、将校になれる。応募しないで普通の通りに徴兵されると、ずっと兵隊でいなきゃならん。

窪島　美校の生徒のように、非国民的な、つまり昼間から女の裸を描いているような連中は早めに戦争に駆り出された、というのは風説ですか?

野見山　文弱だと皆に言われていたが、それはなかった。

窪島　では、他の学校でも均等に、今先生がおっしゃったようなことがやられていた？

野見山　みんなそうだった。どこの学校も予備学生に応募するよう奨めているようだった。しかし教授たちは、嫌な顔してましたよ、正直なところ。

窪島　先生は手を挙げました？

野見山　いや、僕は手を挙げなかった。僕は嫌いなんだ、将校になるとかいうのは。

窪島　画学生には将校になるのを嫌がった人もずいぶんいますよね。早く帰って絵を描きたいからといって、将校を蹴った小野竹喬さんの息子さんの小野春男とか……。

野見山　将校が足りないから、予備学生とか何とかいって、在学中にすぐ応募できるコースを作ったのです。「今応募すれば将校になれますよ」というわけだ。応募した人たちは講堂で、配属将校に「君たちは日本のお手本だ」みたいなことを言われ、皆に拍手される。僕らは、奴等が好んで行くのに、なんで僕らまで拍手させられるのだと言って、少し拗《す》ねていました。

窪島　ある種の抵抗ですね。

野見山　僕は、どういうわけか自ら進んで将校になりたいという気持ちはなかった。普通の徴兵で軍隊に行くと、ずっと長いあいだ兵隊で、それから下士官になるということで、最後まで将校にはなれないのです。僕はそれでいいのではないかと思っていたのだが、入隊して暫くたったころ、試験を受けろと直属の教官にさんざん言われましたよ。僕の義兄は拒否したばっかりに夜な夜な、寝かせないで説教ばっかり三ヶ月も続いたとかで、そのためにずいぶん殴られたと言っています。僕もそれを拒否した。ぶん殴られはしなかったけれど、「将校が足りないのに、将校コースを受けないおまえみたいな非国民はけしからん」と言って一晩中、説教するんだ。

窪島　肩身は狭くなかったですか?

野見山　たった一晩の説教で済みました。それから何日もしないうちにひどい熱を出して入院しましたので、なにも言うことはなかった。もともと兵隊にも向いていなかったんです。

出征

窪島　さて、出征が決まって召集令状、赤紙が来て、どこに配属されたんですか?

野見山　当時、男子は二十歳で徴兵検査に行かなければなりませんでした。それで僕らも在学中に徴兵検査を受けた。僕の場合は、豊島区に住んでいた専門学校生、大学生が目白の小学校の講堂に集められた。学生は、それぞれ自分の県のプラカードの列に並びました。
窪島　それでいろいろな県に散ったわけですね。
野見山　卒業まで待って、それから自分の郷里の軍隊に入るのです。僕は福岡の軍隊に入った。だから軍隊仲間には同郷の人が多い。
窪島　そこからどこに派遣されたんですか？
野見山　中国の牡丹江省に行きました。僕の行った東寧という街は、後ろに小高い山があったのだけれど、同郷の人が多いから、それを福岡山だとか何とか山だとか名前をつけていました。妙な郷土意識があって、「本州の奴は弱いぞ」とか言っていましたね。
窪島　牡丹江では美校時代の仲間はいなかったのですか？
野見山　一人もいなかった。いや、いたかもしれないが、わかりません。
窪島　出征して、戦地で病気になられて、昭和十九年に帰ってこられるわけですが、短い間の戦地で、ご自分の画友にはお会いにならなかったわけですね。
野見山　そうです。
窪島　先生はそこでいわゆる死の意識、戦死するかもしれないという恐怖感はなかったんですか？
野見山　なかったね、不思議と。

窪島　でも、先生が出征された当時、日本はやばかったでしょう。十八年といえば、アッツ島など、あちこちで玉砕が始まっていた。そんななかで、自分が戦死するというイメージが湧かなかったのはなぜでしょうかね？

野見山　つまりね、行ってどうなるかということの想像がまったくつかなかった。生きて帰れるのだろうかというのもなかった。戦争が終わるというのもなかった。永久に戦争が続くような感じがしていました。というのは、僕らは生まれた時から、自分の成長と共に軍事力も膨張してゆき、お前たちは兵隊さんになるのだ、日本は大きくなるのだという教育を受けていたからです。ある程度で戦争が終わるだろうということは、全然意識にならなかったです。

軍隊というところ

窪島　野見山さんは戦地に行っても絵を描きたかった人なんではないか、と思っているのですが……。

野見山　そういうことはなかった。はじめの頃は絵を描きたいといったことを考える余裕もなくて、毎日毎日が強制労働みたいだった。起きてから寝るまで、全部命令で生きているでしょう、自分の時間ではない。命令で生きていると、自分というものの意識が希薄になってゆくのですよ。

窪島　軍隊とはそういうところなんですね。

野見山　僕は軍隊はうまくつくられていると思うね。朝、起床ラッパが鳴ったらすぐ起きて、まずベッドをきちんと整えなければならない。毛布をたたんで、すぐ掃除です。掃除を終え、ゲートルを巻いて、銃を背負って、外に出て整列する。「番号」と言われて、「1、2、3、4、5、6」と発声する。それに遅れたら大変だからね。大急ぎでやればいいというけれど、その大急ぎを一生懸命に普通にやると、とても時間が足りないんです。

ベッドを各自自分で整えた後、部屋の掃除をするわけだけど、箒《ほうき》とバケツが二つと雑巾が三つといった具合に、人数分にはどこか足りないようにできている。だからベッドでまごまごしていると、なくなってしまう。どうしてよいかわからなくてウロウロしていると、ぶん殴られる。各班には新兵さんばかりではない、古年兵もいるからです。これは大変だというので、みんな寝るときに箒を自分のベッドの横に隠して、起きたらそれをぱっとつかんで掃除をしようとする。けれども、夜の巡視にまわる兵隊は自分たちが前からそういうことをやっていたので、何だって知っている。箒や雑巾が足りないとベッドを探って、隠している奴を起こして、「貴様、なんでこんなところに箒があるんだ」と言って、また殴る。

そういうことのくり返しですよ。そういうふうになってくると、一ヶ月もたってご覧なさい。意識が完全にパーになって、絵を描きたいとかそういう気持ちはなくなってしまいます。

窪島　そんなことをやっているから、日本は負けちゃうんですよね。しかし、先生の親しかった香月泰男さんとか、あるいは画学生の興梠武さんなどは、雑囊《ざつのう》のなかにそっとスケッチブックや絵の具を入れていたとか、見るも涙ぐましい努力をして、戦場でも絵を描き続けていたと聞いています。先生は軍隊では何も描かなかった？

野見山　それは、一番下っ端だからですよ、上の兵隊になれば多少の余裕は出てくる。自由もきくでしょう。どんなに締めつけても、人間というのは、どこかに逃げ道を作るものです。そうでないと生きられない。

窪島　なるほど。興梠武さんや香月さん、日高安典さんとかもそうだったらしいけれど、絵を描いたら上官に気に入られて、「俺の顔を描け」とか言われたという話も残っていますが……。

野見山　僕と立正大学を出た男と二人が、上官から日曜日に「ちょっと来い」と言われたことがあります。何事かと思って行ったら、立正大学を出た男には「仏教の話をしてくれ」と言う。それから僕には、「おまえは絵の具を持ってきたか」と聞き、「いえ」と答えたら、「なんで持ってこない」と言われた。軍隊ではそんなこと許されるわけがない。絵の具を持ってきてよいなら早く言ってよ、と思った。誰だったか絵の具を取りに内地に帰ってこいって言われた戦没画学生がいたでしょう。

窪島　ああ、そういうこともありなんですね。

野見山　ええ、それはもう上官は絶対命令だから、自分の好きなことを通す。上官のところに行っていると、昼飯も、「この二人にもちゃんと持ってこい」と言う。

窪島　逆に、上官からにらまれたり、アイツはと目をつけられるとコテンパンにいじめられることもあったんじゃないですか？　靉光《あいこう》などは、戦争画を描くことを迫られてそれに抵抗したため、戦後、上海で戦地からの復員を待たずに三十八歳で病死したんですが、最後は食料が枕もとに届けられず、半分は餓死だったとも言われています。

野見山　上官といっても、上の方の人は下まではなかなか目が届かないですよ。いじめるのはすぐ上の、つまり一階級上の兵隊ということです。将校クラスの人たちはそこまで目はまわらない。

窪島　じゃあ、すぐ上の階級が意地悪だったということですか？

野見山　そう、高校生は中学生をいじめないけれど、中学生の上級生がいじめる、そういうことです。

窪島　先生は、ごくふつうに面白おかしくしゃべっているけれど、今一つ僕にはレアリズムがわかないな……。

野見山　僕はただの兵隊でしたから……。古年兵になると横着な奴も出てきて、自分の仕事を「貴様やれ」とか何とか言ってやらせて、うまくやらないとぶん殴るということもありました。いや人間社会はどこに住んでも同じことです。自分の同輩やすぐ上の上司が好意的であれば楽なんですが、身近に嫌な奴がいれば、それは地獄ですよ。僕は軍隊で、まるで違う職域の人と交わって、面白いこともありました。いろんな発見もありました。

窪島　先生のご本（『一本の線』朝日新聞社）で、戦争に行って、雪の道の下にミカンの皮を見つけた話が出てきますね。僕はあの文章に非常に感動しました。雪の下のオレンジの色を見て、たまらなく色彩に飢えていた自分に気づいたというあの表現を読むと、僕なんかは、野見山さんもまた、戦場で絵を描きたかった画家の一人なんだなと思って……。

野見山　凍りついた中で道を歩いていたら、朱い色が見えて、それがとても綺麗だから拾おうと思って手を出したら、凍りついた下にあるのです。道は凍りついているから、靴の先でがんがんやったら、出てきたのはミカンの皮だった。一面ずっと凍りついていて、色というものがない。「色がない」というはっきりした意識もなかったのですが、それがミカンの皮の色を見た時、ぞっと来た。もうたまらなかった。

だから、僕は、一日でもいいから日本に帰って、アトリエに行かせてくれたら死んでもいいという感じになった。その時の日本は遥か遠いところにあって、永久に帰れそうにない。なんでこんなところに来てしまったのかという、閉じ込められた思いが込みあげてきました。僕は生きて帰ってきたからよかったが、死んだ奴はあのままで果てたのかと思うと、耐えられなかっただろうと思うのです。関口清じゃないけれど、これだけ栄養のあるものを食べたらまた絵が描ける、という思いを最後までもったまま死んでしまった。

窪島　ミカンの色の感覚から入ったというところが先生らしいし、やはり絵描きさんの感覚だなと思いますね。論理的な哲学ではなくて、感覚的な受け止め方だった。

野見山　寒い季節は雪に閉ざされるなんて、九州という南の国に育った人間にはわからないことでした。ブリューゲルという絵描きさんがいるけれど、冬の満州の風景がそのままそっくりなのです。スケートをやっている絵があるけれど、すべてが凍りついていて透明に見えるのです。それぞれ目の前の風景に「あぁ」と納得したことを思い出します。それで、ミカンの皮を足で何回もつついてようやく氷の中から出てきた時に、フランドル派の一つの技法、つまり色を薄く薄く透明に重ねていって、美しい色の輝きを出すのは、こういう描法なんだ、そうでないとこの凍りついた景色は描けないのだと思いました。

窪島　このオレンジに俺はこんなに胸がドキドキした、皆もそうだっただろうな、と思われたのでしょう。
野見山　ええ、みんないろいろな国に行って、その土地の偶然の発見があったはずで、南方に行ってゴーギャンの絵に、レアリズムを感じた奴もいたかもしれません。死んだ奴をみんな集めて聞いたら、いろいろな話があるのだろうと思うのです。
窪島　この、色彩に飢えていた自分に気づくというところの文章は、野見山先生だから書けたのだと思いますね。僕は、これは絵描きさんとしての野見山先生の真骨頂の表現だなと思って読んでいました。

終戦、復員

窪島　それで、先生は肋膜を患って、療養するために内地に帰っていらっしゃるのですが、内地は物不足とはいえ、戦地よりは物がある程度は氾濫している、そんなところに帰ってくるわけですね。皆が戦っている時に自分は療養しているということについて、『四百字のデッサン』で先生は少し自虐的にお書きになっていますが、その時の感覚は本当はどうだったのですか？
野見山　不足とはいえ氾濫しているなんて、とんでもない。物は底をついているのですよ。ともかく戦争というものについて僕は半信半疑ながら反対だった。しかし一緒にあの国境に行かされた同年兵が、零下何十度の厳寒の中で毎日毎日這いずり回されているのだと思うと、僕はやはり逃げてきた卑怯者だ。自分だけ大事にベッドに寝かされていていいのか……。

窪島　助かったという感じはありましたか？

野見山　助かったとか、そういうことはなかった。

窪島　治ったら、また行かされるわけですよね。

野見山　それはそうです。療養所で病気が治った時に、また福岡の部隊から呼び出しがきて、「お前は近々、龍部隊に配属になる。今度は赤紙で来るからそのつもりで待機しろ」と言われた。

窪島　ああそうですか、それが十九年の終わりぐらいですか？

野見山　いや、二十年になっていたと思いますよ。また行かされるのかと思いました。

窪島　福岡の療養所に入っている時は、治ったら絵描きになろうと思いました？

野見山　治ったらもなにも、療養所に入っている時はまだ戦争でしたからね。そこで終戦になった。療養所で全員スピーカーの前に集まれという指示があって、何事だと思ったら、玉音放送でした。聞き取れるような聞き取れないような感じでした。

窪島　あれを「厳《おごそ》か」というのでしょうね。先生は玉音放送を聞いた時、何を考えました？　年譜で見ると、戦後すぐに絵描きの道を歩まれているように書かれていますけど？

野見山　玉音放送を聞いた時は何も思わなかった、ただ呆然としていたな。俺たちはどうなるのだろう、どうすればいいのだろうという感じでした。つまり、生まれた時から「天皇陛下万歳」で育ってきているのですから……。

窪島　要するに、「途方にくれた」ということですか？

野見山　ええ、天皇の声で、これで戦争をやめたと言われたわけですが、やめたはいいが、それはいったい何なんだろうという気持ちです。今まで縛っていた縄は解けたけれども、だから走って行っていいよと言われてもね……。

窪島　玉音放送を聞いた時、これからどうすればいいのだ、というのが正直な気持ちだったわけですね。

野見山　自由の身になったわけなのだけれども、それまで僕らは学生の時から自由はなかったわけです。喫茶店に行けば捕まる、映画館に行ったら捕まるですからね。

窪島　そうでしょうね、ましてや女の人なんかと手でも繋いでいたら……。

野見山　本来ならば兵役に服している年齢を、学校を卒業するまで猶予してくれている。そういうことですから、学生の本分に外れるというか、勉学にいそしまない行為は許さんということでしょう。僕の同級生で、妹と歩いていたら、淀橋署の警官に「お前たちはなんだ」と捕まった奴がいた。「妹です」と答えたら、「みんなそう言う」って(笑)。無言館に作品が入っている駒田芳久です。ひと晩、警察に泊められて、がっくりしてた。

窪島　本当の兄妹なのにね。

野見山　若い者は兵隊に行くか、徴用で軍需工場で働かされるかしていた。だから、ブラブラしている奴は職場から脱走しているか何かだから、警察に捕まる。僕の同級生に、小田急線の秦野というところの大きな宿屋の息子がいました。僕たちが兵隊に行く前に、「俺のところは食い物があるから来いよ。姉が帳場にいるので、帳場の方からお客の顔をして入って来てくれ。そしたらご馳走してあげるから」と言うので、同級生三、四人で行ったんです。そうしたら「若い者がなんでこんなところにいるのだ」と大変なことになってしまった。慌てて「いやそうじゃない」と言ったのですが……。

窪島　その頃は、そういう風来坊は脱走者と思われていたわけですね。

野見山　それから、スケッチブックを持っていると、呼び止められることがありました。海岸線を描いてはいけないとか、工場を描いたらいけないとか、ありましたからね。

窪島　松本竣介なんかも、落合あたりでガスタンクを描いていて、特高に何やかや言われたらしいですね。

野見山　それが、終戦になって昼間に街を自由に歩いても捕まることがなくなったけれども、突然自由になったからといって何をどうしていいのか……。
窪島　それで、療養所を出てからどうなさったのですか？
野見山　実家に戻ったけれど、福岡の街は焼野ヶ原。さいわい家は残っていましたが、大勢の人たちは食いものを捜し歩いて、ま、鶏が終日、地面を見つめて食いものを漁って歩くあの姿ですよ。博多駅でも何かの建物でも、焼け出された家なき人々、もう浮浪者であふれていました。今の人たちが思うように、さあ絵が描けるなんて状況じゃないですよ。
窪島　東京はどんなでしたか？
野見山　東京に出たかったけれど、当時、六大都市には、今、住んでいる人だけで一杯だと、新たに入ってゆくことができないのです。あの頃は配給時代だから、米などいろいろなものを持ってこないと泊まる所もなかった。宿屋でもそうだったから、食糧を携えて、知った人のところに転がり込むとか。美術学校はどうなっているのだろうと行ってみたら、柔道場や剣道場を、それぞれベニヤ板で小さく区切ったり毛布をたらして、わずかの空間を確保して学生が住んでいました。みな焼け出された学生という訳ではありません。
窪島　でも、そういう人たちにだって郷里はあるわけでしょ。
野見山　郷里はあるけれど、戦後になって美校が再開しても、焼けて泊まる所がないわけだから、みんな学校に住んでいました。
窪島　戦後と戦前で、美校はどこが違いました？　先生が、こういうところががらっと変わったなと思ったところはありますか？
野見山　それは美校が違ったというのではなく、国がまるっきり変わっちまったんです。男女同権、これは大変な改革です。美校にも初めて女子学生というのが誕生した。トイレだって当然、性別に分かれる。そうなると習慣から意識まで、違ってきます。着替える時だって異性がいたら裸にはなれん。

戦死者と生還者

窪島　東京に出てきたころには仲間の誰それが死んだというような、そういう情報は入っていたのですか？
野見山　いや、入っていない。これについての情報は何もわからなかった。僕は東京に出てから、人に会って「お前生きていたのか」と言われ、「あいつは死んだよ」と聞かされて、「ああそうか」と思いました。
窪島　そうした時に、生還者としての負い目といったものはなかったんですか。自分は生きて帰って、……僕みたいに何も知らないと、そういう方程式みたいな目で見てしまうのかもしれませんが……、大袈裟に言えば罪の意識、慙愧《ざんき》の念にとらわれはじめたのは、いつ頃ですか?

野見山　それは、終戦から二、三ヶ月たって、満州で一緒だった同郷の友達に会いに行った時です。あいつはどうしているかと、田舎に行って、彼を訪ねた。そうしたら、爺さんが出てきて、「どうぞおあがりください」と言うのです。玄関に呼び出してくれればいいのにと思い、そう返答したら、「実は戦争で命を落としたんだ」と言われました。「ああ死んだのですか」と聞いたら、「あなたはうちの息子とどこで知り合ったのですか」と聞かれ、「満州の東寧の部隊で一緒にいました」と答えたら、「あの部隊はみな南方に転属したはずだ」と言われた。それで「僕はその前に病気になって療養で内地に帰されたのです」と言ったら、その親父は「なんで倅《せがれ》は病気にならなかったのだろう」と泣き出しました。

窪島　その方は絵を描く方でした?

野見山　いや、絵を描く奴ではなかった。また、東寧の陸軍病院の従軍看護婦だった人で、福岡の郊外の平尾というところの出身だと聞いていたので、その女性のところにも行ってみた。そこでも、家族の人から「みんな帰ってこない。ソ連の兵隊が入ってきた時に、そこにいた従軍看護婦たちは、ひとりも帰ってきていない」と言われたんです。知人に出会うたびに、戦死した友人の多さがわかってきて……。
窪島　また先生も能天気ですね、生死も確かめないで、会おうと思って行ったわけだ。
野見山　そう、僕は呑気なことに、みんなが死んだとは考えていないのだよ。
窪島「のらくろ」の漫画に、のらくろがかがんで靴紐を結んでいるうちに、後ろにいた人が鉄砲の弾にあたって死んでしまって、のらくろが立ち上がって「この人どうしたんだ」……というのがあった気がするけれども、そういう感じですかね。
野見山　僕は、生きているという感じも、もう会えないかもしれないという感じもあまりなかったですから……。
窪島　そうすると、僕たちは図式的に、生きて帰った人にはみんな死者への後ろめたさと居心地の悪さみたいなものがあって、すべての復員者が慙愧の念を抱えたまま生きてきたと思っていたけれども、それに気づくまでには、かなり時間を要したんですね。

第二章　喪われたカンバス

『祈りの画集』を手にする野見山画伯

画壇の戦中・戦後

窪島　先生が、「よし、これで俺は絵描きになる」と思われたのは、復員してこられて、いつ頃ですか？　やはり終戦になってからですか？

野見山　僕は、向こうの陸軍病院から、病気で内地送還されたからね。だから、病院生活が長かった。周りも病気の奴ばかりでした。

窪島　それで終戦になって……。

野見山　終戦になっても病を引きずっていたから、しばらくその焼け残りの実家で臥せておりました。半年ぐらいだったかなぁ。そのうち同じ福岡の絵を描く奴が一人、二人と復員してきて、その一人が文士と絵描きのグループを結成することにしたからお前も入れ、と誘いにきました。ひとり家の中でぶらぶらしてても仕方ないので、顔を出し、なんとなく描きはじめたような訳で、新たな出発というような健気さはないのです。その仲間たちは、東京で団体展が復活すると、そこへ出品するようになりました。僕は自分の絵が会場に並んだところを見られないなら、わざわざ出すこともないと、ぼんやり過ごしておったのです。

窪島　両親は何も言わなかったんですか。

野見山　傷痍軍人療養所にいるときに、父が『週刊朝日』か何かの戦争画特集というのを持ってきてくれて、早く体をなおして、こういう絵が描けるようになれと励ましました。しかし僕は戦争画に興味がなかった。正直いって、とてもそんな描写力、僕にはないんです。ともかくどういうきっかけで描き出したのか記憶がない。

窪島　戦前、藤田嗣治の戦意昂揚の絵画展を見に行ったと書かれていますが、その時の感想はどうだったんですか？

野見山　当時は国が公募展をつくる、「聖戦美術展」とか「大東亜戦争美術展」「海洋美術展」「陸軍美術展」とかね、国がそういうのをつくって従軍画家の絵を並べる。ある時、藤田の「アッツ島玉砕」が出ていて、「お賽銭をあげると、絵の傍らで藤田が頭を下げるから面白いぞ」と聞いて、見に行った。その頃は男も女も服装が決まっていて、男はゲートルを巻いて、戦闘帽をかぶって、髪は短く切っていて、水筒と鞄を斜めに提げていた。そういう恰好で、藤田が絵の傍らに立っていた。お賽銭をあげると、藤田が深々と頭を下げるんだ。そこに並んでいるのは、みんな戦争画ですから、凄まじい絵が描いてあるんです。中村研一とか、いろいろな絵描きさんが出品していたが、「勇敢なる日本の軍隊」というような絵なんです。日本の飛行機が上を飛んでいて、敵の戦艦が爆撃を受けて沈んでいるとかいうような。けれど、藤田嗣治の絵だけは違うのです。藤田の絵は「戦争は嫌」というような絵なんです。もう敵も味方もない、「嫌」という感じが強い。

窪島　「ノモンハン（哈爾哈河畔之戦闘）」なんかもそうですね。

野見山　「アッツ島玉砕」も、同胞がみんな倒れていて……。

窪島　厭戦《えんせん》画だよね。

野見山　そう、厭戦画。それを見たとき、身震いするぐらい、本当に戦争は嫌って感じた。日本の将校は戦争画でありさえすればいいのかな。あれは戦争昂揚画ではないです。

窪島　意図して描いたというよりは、画文一体で、本来画家がもっているものが絵に出るのでしょうね。中村研一などは本気で「日本は」と思っていたから、それが出るし、そういうものなんでしょう。

野見山　しかし中村研一の絵は良かったですね。戦後、小磯良平は、生きている間、自分の描いた戦争画を一切発表しなかった。何かそうした話のとき、僕に向かって「ごめんなさい」と頭を下げたこともある。僕に謝ることはないのだけど。

窪島　僕は宮本三郎の「山下・パーシバル両司令官会見図」も、黙示劇のようで、一種戦争のもつ事大主義的な仰々しさをつきはなして見ているような感覚があると思う。あれもあまり溺れていない。

野見山　僕はあれは上手いなと思った。
窪島　ええ、あれは宮本さんの一番の傑作ですよ。
野見山　あれは写真から成ったかと思っていたら、僕がツアー旅行で南の方に行った時、その当時のお偉いさんの将校が、現地にあの絵の写しだったか、飾ってあったのを見て、「これは全然ウソです」って言うんだ。将校が言うには、会見の時は山下将軍が全員部屋から追い出して、将軍はパーシバルと二人だけで会ったそうだ。
窪島　ああそうなんですか。あれは、造形的にみんなを勢ぞろいさせたんだね。なるほど、あのほうが感じが出る。絵描きというのは、自分の得手なところに引き寄せるんですね。もの書きもそうだけど、自分の得意なところにもってくる。
野見山　小磯良平は、「戦争画を描いた」なんて言っているけれど、あの人の戦争画には戦闘場面は一つもない。兵隊が疲れて小休止しているところとか、馬に水をやっているところとか、そんな絵ばかりで、敵兵は一人も出て来ない。
窪島　意図しているかいないかわからないけれど、消極的な抵抗があったのでしょうかねぇ。
野見山　藤田嗣治の場合は意図して抵抗しているかどうかわからないけれど、描けばあなるのかな。僕は藤田嗣治という人はよくわからないです、いい意味で。

窪島　やはり、眠っていた感覚なんでしょうね。深いところで眠っていたものが、「ああ、戦争はつくづく嫌だ」ということで出てきたのではないかな。

野見山　そうだね。だけど、気持ちの悪い絵の横に立っていて、最敬礼するなんて、不思議なことをやるもんだなと思った。「アッツ島玉砕」は気持ちの悪い絵ですよ、日本の兵隊もアメリカの兵隊も両方死んでいるんだから、雄々しいものでない。

窪島　藤田嗣治の絵をご覧になって、画学生の間で話し合いのようなものはあったのですか？

野見山　その時はなかったです。凄まじいものだとは思ったけど、絵そのものについての話はなかったように思う。学生の間では、戦争画に対する賛成か反対を主に話し合いました。つまり、「俺は戦争画は描かない」と言うのと、「いや、戦争画は描くべきだ」と言うのがいるんです。

窪島　そういう具体的なことまで話したんですか？

野見山　それというのも、絵の具やキャンバスがどんどんなくなる。戦争画を描くと配給券をもらえる。だから、「すごく色を薄めててらてらと描いて、出品して、残りの絵の具で自分の好きなように描けばいいじゃないか」と言う奴もいるけど、戦争画展に出すのはおぞましいような気持ちがしていた連中もいる。やっぱり戦争に賛成しないかぎり、戦争画を描くという気持ちにはなれないから、そうなると、「お前出すのか」「俺は出さないよ」ということが大きい。戦争画が上手いか下手かということより、根本的なところで僕らは悩んだ。

窪島　戦争画に限らず、絵描きの卵であろうと、表現する人間はこれを描けとテーマを押しつけて与えられると、嫌なものでしょう？　そういうところがあると思います。

野見山　ある。でも、公募展など、一切の団体展がなくなっている時に、従軍画家として国から指名を受けて行っている人たち、つまり現地を見て現状を描いている人たちは、大威張りなんです。時のスターです。戦地というものについて語れるし、「戦争はこうだ、兵隊はこうだ」と言えるでしょう。その人たちは、向こうで太って帰ってくる。バターだ何だとか美味しいものを食べてくる。藤田嗣治邸には、戦地から帰った人がお土産を持ってくるから、いろいろなものがありました。日本にないものもあった。僕はご馳走になったんだけど、こんなものがあるのかと、びっくりしたよ。

窪島　あるところにはあったんだ。

野見山　藤田は陸軍から頼まれて、絵描きたちの階級を決める親分だったらしい。本当のところは知りませんよ。とにかくみんな、藤田のところに日参するらしいです。なんで私が知っているかというと、藤田家の一切を切り盛りしている女のひとと仲良しだったたから。宮本三郎がこんなにお土産を持って南方から帰ってきたとか、いちいち聞いていた。今で言うお手伝いさんだろうけれども、女子美を出た人で、絵の助手として雇われていた。藤田はアトリエに奥さんも入れないで、彼女にキャンバスを貼らせたり絵の具をとかせたりして、手伝わせていた。奥さんは怒って彼女に乱暴をするもんだから、彼女は僕のところに逃げてきていた。藤田はそのことを「時おり、男のところに泊まってくる」と手紙に書いているんだけど、僕は妹と一緒に住んでいたから、男のところに行ったわけではないし、そういう関係ではなかった。その手紙は椎野さんの兄さんが持っている。椎野さんが彼女を紹介したから。

窪島　椎野さんというのは、画学生の椎野修さんのことですね、彼も北九州の出身だから。

野見山　あれは貴重な手紙です。藤田嗣治が戦争中に椎野さん宛にずっと書いていた。

窪島　そんなふうに絵描きはそれぞれ、いろいろな自分の想いをカサブタのように重ねていったのでしょうけれども……。

野見山　ここはもっと掘り下げれば凄まじいのです。戦争画に協力しなかった長谷川三郎という人は、憲兵隊にひっぱられて、そこに留められて、夜な夜な銃剣術の稽古台にさせられていた。一方、佐田勝は反戦運動をしょっちゅうしていた。戦後、長谷川三郎は、「君がしょっちゅう運動をしていたということは、しょっちゅう出られたということじゃないか。それはどうしてだ？」とつっかかった。佐田勝が黙っていたら、「君の親父は陸軍のお偉いさんで大佐かなんかだから、俺はどんなことをしても大丈夫なんだと言っていたではないか。俺は毎日殺されると思っていた」とか、そういう軋轢が戦後ずっと続きました。だから「終戦になって絵が描ける」というのは、僕らの先輩の人たちで、学生たちには殆ど風当たりはなかった。

窪島　日本画家の毛利武彦先生なんかは、終戦の知らせを聞いた時だったか、復員してきた時だったか、これで自由に「絵が描ける」と感激したらしいですよ。

野見山　あの人は将校だったのかな？　同じように軍隊だと思っているが、配属された場所や、上官のあり方によって、一人一人違った戦争を経験しているのです。

窪島　日本に帰ってこられたから、ようやくこれで絵が描ける、という感じだったらしいんです。それともう一つ、戦後直後から、いわゆる画壇というのはあったんですかねぇ。先生が戦後お帰りになった当時は、やはり画壇では藤島武二さんが一番偉かったんですか？

野見山　そうね、華やかだった戦争画家はいっぺんに隠れてしまったから、戦前の偉い人がそのまま顔を並べていたんでしょうね。やはり藤島武二が一番偉かったかな？　だけど終戦からのことはよく知りません。
窪島　岡田三郎助もいましたね。先生は美校で南薫造に学ばれた？
野見山　そうです。南薫造は生きていたと思うが、岡田三郎助は、僕が在籍中に亡くなりました。
窪島　あの頃だったんでしょ？　美術学校の組織が大きく変わったのは。
野見山　僕は兵隊にとられていて知らなかったけれど、戦争中か終わった頃だと思うが、いわゆる松田改組といって、松田源治という文部大臣が美術学校の従来の教育方針を変える案を練ったらしいのです。
窪島　あれは、昭和十年頃でしたかね、いわゆる帝国美術院の再編というヤツですね。
野見山　そうそう、あれでかつての教授たちは総退陣になった。それで、梅原龍三郎とか安井曾太郎とか、美術学校を出ていない人たちが出てきました。
窪島　そういう偉い人たちも戦争に行ったのでしょうか？
野見山　年齢が違う。もうお爺ちゃんだけど、梅原さんたちはとても戦争画は描けないよ。だけど、「描け」と言われて、本人が断ることはあの頃は難しかったでしょう。
窪島　同じことは他の絵描きたちにも言えますね。靉光なんかは描きたくても描けなかったのではないかと思うし、そもそもそうした絵が不得手だったと思うんです。戦前は、先生はまだ画学生だったから、画壇もヘチマもないですよね。
野見山　そうだね。戦後になって、戦争画はなくなって、元の美術団体が復活したんです。復活したけど、親分子分の関係が違ってきた。例えば二科会なんか、親分をさしおいて東郷青児がやると言ったから親分たちは怒ったけど、もう「二科会」として登録していたから、親分たちは「二紀会」という別の名称で会をつくった。他の親分たちは行動美術協会、それに一陽会。画壇がそこで大きく分かれた。
窪島　先生はその頃はまだ画壇のどこかに所属されていなかった？
野見山　美術学校を卒業する前の年から出品できたので、春陽会というところに出品していた。
窪島　先生はそれを何かに書いています？　春陽会というのは、中川一政、萬鉄五郎ですよね……。そうなんですか。
野見山　どうしてかというと、僕は鳥海青児が好きだったんだ。
窪島　鳥海青児ですか。
野見山　そう、だから最初、麴町の鳥海さんのところに行った。その時どやどやと足音がして、「原精一まいりました」って兵隊の原精一さんが入ってきたんだ、鳥海さんの弟分だから。彼に「君はなんだ」って言われて、怖いなあと思った。後で「原さん、怖かったです」って言ったら、「まあ、そう言うなよ」って言ってたけど……。春陽会です。

窪島　春陽会では何年くらい描かれていたんですか？

野見山　二年間です、三年生のときと四年生のときと。だけど、戦後になったら、がらっと変わって、鳥海青児は独立美術協会に行っているんだ。原精一は国画会に行っている。戦後は、親分はお爺さんになってしまったから、子分どもはどんどん……。

窪島　先生と春陽会は合わない気がするな、鳥海青児とは合うけど……。

野見山　鳥海青児がいたからね。もう一人、森田勝という、原精一とは同じ萬鉄五郎の弟子だった人もいた。

窪島　そんなところにも、先生が村山槐多に惹かれる系譜があるのですね。

野見山　萬鉄五郎に惹かれたからね。萬鉄五郎の絵が見たくてしょうがなかったけど、本物を全然見たことがなかった。今の人は信じられないかもしれないけど、僕らの頃は公立の美術館なんてなかったです。だから僕は村山槐多や萬鉄五郎の絵を見たかったけど、どこに行ったら見られるのかわからない。そうしたら、「森田勝は萬鉄五郎の弟子だから、『宙腰の人』という絵を持っている」と聞いた。それで、僕は住所を聞いて、自由学園の先の方に森田さんを訪ねて行きました。出てきた女の人が「おあがりなさい」と言ってくれた。森田さんは肺病で寝ていたけど、アトリエに上がって見せてもらった。

窪島　これだけあちこちでいろいろな展覧会が開かれているのに、今の世の中ではとんと忘れられた風景ですね。絵描きが、ある絵描きの絵を好きになって、見せてもらいにその家を訪ねて行くなどということは、先生の時代にしかなかったと思う。

野見山　森田さんが寝ていたせいもあるけど、アトリエで一人だけで見せてもらった。でも、よかったですよ、こんな絵があるのかと思って……。

窪島　それはスゴイ。美術館で、美術運送屋が運んできた作品がうやうやしくガラス張りの中に飾ってあるのを鑑賞するのとは違って、お弟子さんの森田先生が寝ていて、そこに萬の絵が存在している空気みたいなもの、時代の雰囲気まで丸ごと見られたわけですから。その時代と、その絵にかかわる人間がいて、しかも当の作品をそこで見ることができるというのは、とても幸福なことだと思います。

野見山　今みたいにあちこちで展覧会があって、みんな食傷ぎみで、「暇だから行ってみようか」というのとは違う。西洋画がどこそこにあると聞いて、見にいくのは大変でした。

窪島　今の若い画学生は、どこの美大でも、あまり人の絵を見ていない。あまり展覧会になど行かないんです。仲間のグループ展に顔を出すようなことはするけれど、本当に「見たい」という情熱はないようにみえる。

野見山　この間、松濤美術館で村山槐多展があったとき、あの画集にあった一頁一頁の絵が全部見られると思って、感激した。
窪島　あれはいい展覧会だったですね。
野見山　そうだね、まだ本の一頁一頁を覚えているんだ。その本物が並んでいるっていうのは大変なことです。

戦争に対する嫌悪感

野見山　僕はどういうわけか、戦争について賛成とか反対とかそういうことはなかったから、どっちつかずだった。
窪島　ただ、好きではなかった……。
野見山　なぜ軍隊をそんなに好きでなかったか、自分でもよくわからないのです。自分では、日本は戦争をしなければならないとか、絶対に戦争をしてはならないとか、そういう思想としては持ったことがないのだけれども、先天的に嫌悪感があるのです。身近な誰それの影響ということもない。
窪島　やはり先生は、感覚が第一だったのでしょうね。
野見山　ただ、軍事教練は非常に嫌いだった。その一つの理由は、教練というのは演技だという感じがあったからです。自分の言葉ではなく、兵隊としてのものの言い方をする、そのお芝居が嫌だなという気がしました。

窪島　なるほど、普通の言葉ではないですからね。

野見山　そう、将校が任意に選び出して、「お前、小隊の指揮をとれ」、「小隊長になれ」と言う。そうすると「ノミヤマ二等兵、小隊の指揮をとる」とか言って、「気をつけ」、「前列、三歩前」とかやる。なんかあほらしいと思いました。

窪島　でも、その演技をちゃんと果たしたほうが上官には覚えめでたいわけですよね？

野見山　そうそう、それをやらないと、「お前なんだ、そのものの言い方は」とやられる。

窪島　そういうやり方によって、みんなを「天皇陛下のために」という感じにさせる。一種の集団催眠みたいなことかもしれない。

野見山　自分が催眠術にかからないと、やっていられない。それが僕は何かあほらしくて、嫌だなというのがありました。僕は、ある意味、集団そのものが嫌でした。美校で教授をしていた南薫造先生の教室に僕はいましたが、卒業生は南風会という組織を作って、みなそこに入っていた。なんでそんなことをするかというと、当時の美術学校の教授は画壇の大御所だから、回り持ちで文展（現日展）の審査員長をやっている。そうすると、藤島さんの弟子の審査員は、藤島さんが「これはどうだ」と言うと「ははぁ」という感じになるし、南さんの場合も然りだった。そういうピラミッドの中に入らないと、出世できない世界というのは嫌でしたね。

窪島　じゃあ、先生は、案外、最初から〝孤高の巨匠〟だったんですね、徒党をなす方ではなかったんだ。

野見山　進んで戦争に行った人に対しては、何だったのだろうという不信の念が強い。つまり僕は、自分は将校になりたいという人が嫌いだった。それはいまだに尾を引いている。僕たちの同年齢というと、だいたい海軍将校だとか陸軍将校だとかになっているが、最後まで気が許せないの。

窪島　独立美術協会の古川吉重さんなんかは？

野見山　古川はそのまま海軍に行った、おしまいまで水兵さんです。

窪島　そうか、そうか、だからそんなに偉くなっていないのか、面白いですね。そうすると、戦争に行っていた仲間たちだからといって、共通の何かがあるわけではないのですね。皆それぞれだったわけですね。

野見山　それぞれです。

窪島　名前は出さないですけれど、中には戦後になってから、「戦地に行った時から、あの戦争は間違いだ、聖戦ではないと僕はずっと思っていた」と言う絵描きさんはずいぶん多いです。先生の場合は、戦争自体はいいとも悪いとも思わなかったということですね？

野見山　気分的に嫌だっただけ。つまり、軍隊で偉くなるとか、早く将校になるとか、ああいうのは嫌だなという気持ちが強かったですね。

窪島　先生のお話を聞いて、僕は、書物で見聞きしていることをくっつけていくと大きな錯覚みたいなものができてくると感じました。生還者はみんな死者に対して慙愧の念を持ち、後ろめたさを持ち、というようなことも、全員がそうだったわけではない、人それぞれ違ったわけですね。

入営前の祝いの宴で

窪島　先生はやはり、感覚的に戦争に対する嫌悪感をお持ちだったのだと思います。『いつも今日』（日本経済新聞社）の中でもお書きになっていますが、入営前の挨拶で、ドイツの詩人に重ねて、「わたしは日本に生まれた世界の一市民です、それなのにどうして他の民族と戦わねばならないのか」と言ってその場を混乱させてしまったとか……。

野見山　明日は僕が入営するという前の晩、近所の人や親戚の誰彼を家に招いて、別れの宴というか、座敷にいっぱい集まって、お祝いの酒盛りが行われた。

窪島　壮行会ですね。

野見山　兵隊にとられる前の、最後の夜だから、せめてその晩だけ僕は独りにさせてほしかった。今と違って一般に電話というものが普及していない頃で、ちりぢりになった同級生たちはこの夜をどう過ごしているか、知りたいものだと思いました。その前の日、お祖母さんや叔母さんたちが集まって、明日のお祝いの寄り合いにはご馳走を何にしようかと言っていたから、「やめてくれ、お祝いとかそういうもんじゃないんだから」と言ったんです。そしたら、「兵隊に行くのにお祝いしないバカがどこにいる」って、祖母さんに言われた。父にもやめてくれと頼んだんだけど、そういうわけにはゆかんと聞いてくれない。

窪島　当時は当たり前のことだった……。

野見山　それで、最後の晩、親戚、近所の人、それから知り合いの陸軍将校とかがやってきて、おおぜい大広間に集まった。ともかく、「国のために戦え」「命を捧げろ」「敵を打ち倒せ」そういった激がとび、勇ましい励ましの訓辞が次々と来賓によって出ました。宴のおしまいに当たって、僕から皆さんに挨拶しろと父が言うんだ。僕は固辞した。しかし親父は「なんで皆さんに挨拶しない」ってうるさく言う。どうしてもその場が収まらんので、僕は仕方なく下座に行って坐ったが、言葉につまった。その場の空気に嫌気がさしていたもんだから、何も言わなかったんだ。そしたら親父が「早く、言え」って言うし、困った挙句に、あるドイツの詩人が言った言葉が突然、口をついて出たのです。その詩人の名前は思い出そうとしたが思い出せなかったんだけど、「我はドイツに生まれたる世界の一市民なり」。その前後の文章は忘れましたが、この言葉に僕は強く打たれていたから、「わたしは日本に生まれた世界の一市民です」、そう言ったんだ。

窪島　先生、本当にそんなことを言ったの？

野見山　それまで考えてもいなかった、自分でもわからない。「それなのにどうして他民族と戦わねばならないのか。そんなことで死にたくない」と、もう夢中になって、僕は言いました。

窪島　そしたら、一座は水を打ったように静かになった？

野見山　いや、いったん言葉が口からぐっと出てきたら、興奮してきて、「なんで、わたしに敵がいるんですか。なんでそういう人たちと殺しあわなければならないんですか」って、うわーっと。父は「やめろ」と怒鳴ったが、もう止まらない。招ばれてきた何人かの陸軍将校は、「貴様もう一度、言ってみろ！」とすごい形相をして叫ぶ。もう酒盛りどころではなくなりました。それでも僕は言いつづける、自分でももう止まらないのです。その日の宴会はめちゃくちゃになった。

窪島　そりゃそうでしょう。

野見山　一番下の妹が、「なんかしらんけど、抜刀して怒鳴っている兵隊さんはおるわ、ばあちゃんは泣いて、お母さんの手を引っ張って『こんな家にはいられない』って言うし……。何だったんだろうとあの時は思ってたけど、そういうことだったんだ」って、今でも言っています。
窪島　よくおっしゃいましたね。
野見山　もう、てんやわんやで……。それから翌日の朝、町内の皆さん、愛国婦人会の人たちが家の前に集まっている。本来そこで挨拶をして出発するのですが、そうしたら親父が「暁治、何も言うな」って。で、ひとことも言わずに別れてきました。こっちの方が、かなり奇妙なくらいです。町内というのは、当時、一種の共同体ですから、そこに無言で立っている姿なんて、これは怖い。
窪島　ずっと言ってこなかったところがいいよね。ずっと日和見で絵を描いていた先生が、突如それを言ったというところが……。
野見山　言おうと思って言ったわけでない。ただ、皆さんの激励の言葉が嫌だなと思って聞いていたんだ。それで「日本に生まれた世界の一市民です」って言ったとたんに、わーっとなって、もう止まらなくなった。
窪島　それで、翌日はケロっとしてもう何も言わないからと言っているのが、またいいね。瞬間湯沸かし器的なところがいい。
野見山　やはり、その時の人間の状況で、死ぬかもしれないというのがあったんだと思う。もうアッツ島も玉砕してるし、現役の兵隊も少なくなっていたから、最前線に行かされることはわかっていた。だから、自分も命がなくなるだろう、生きている間に本当のことを言って死のう、という思いがどっかにあったんだ。
窪島　そこが先生はやっぱり絵描きなんだ、その感覚からなんだろうな。
野見山　死ぬとは思わなかったですよ。生きるとも思わなかったけど、死ぬとも思わなかった。
窪島　そういっちゃ何だけど、反戦活動や憲法九条の会とかで活動している人たちにも、先生の言葉をもう一度かみしめさせたいですね。要するに、観念とか理屈とか言葉で考えて、平和とか戦争とか言っている人が多いような気がする。だから、活字もすべるわ、喋っていることもすべるわで、駄目な気がします。心の芯から湧き上がってきたというふうな、やむにやまれなさがないんです。今先生がおっしゃっているのが本当の人間の感覚なんでしょう。僕もそうですが、多くの平和論者はそれを言葉で操って、それだけで納得してしまっているようなところがある。
野見山　やはり戦場に引きずり出されるという人間のどこかに、何かあるのでしょうね。

窪島　無言館に並ぶ画学生さんたちの絵だって、芸術的センスがあるとか、面白いとかいう種類の絵ではない。今言ったようなやむにやまれなさ、言い換えれば「絵が描きたい」というせっぱつまった思いをもっているということを、僕は、まず告げたいですね。どうも僕もふくめて、理屈とか情報で解釈してしまう方が先行している。だから、僕に抵抗があるのは、「彼らは戦争に行って、さぞ無念だったでしょうね」、「この色彩にその無念さが表れていますね」とか言う定型の言葉です。つい「そうじゃないんじゃないの」って言いたくなっちゃう……。

野見山　言葉だけで書いているとそうなる。しかし「恋人の顔を、今はじっと見つめて描きたい」という、そういう事なんです。意識の中のどこかに「もう明日は会えなくなる」というものがある。戦没画学生の絵は、死の執行猶予の日々の命を、どう縮めてゆくかというと、自分の大事なものを見つめていたいということです。その結果、これらの絵が残った。

窪島　先生が、戦争というあの時代に物書き的な一家言をもっていらした絵描きさんだったら、かえって僕はついて行かなかったんじゃないかしら。先生にはそういうところはなかったんですね。言葉によって語られる反戦とかそういうんじゃなかった。

野見山　だから、僕は無思想で、こういうのは一番軽蔑されるべき人間だよ。戦争に対して反対とか賛成とか、学生たちが喧々諤々《けんけんがくがく》議論しているのに、本当はどうなんだろうなと思っていたわけだから。

窪島　でも、先生は、壮行会でほとばしるように言ったわけでしょう。それはやはり反戦への思い以外の何ものでもないんですよね。それは、今も先生の人生の核、コアとしてある。でもそれが前面に出ている人だったら、僕はきっとついていけなかったんじゃないかな。だって、そういう人の目から見れば、僕の人生だって日和見以外のなにものでもなかった。何も考えないで生きてきたんだから……。

野見山　僕もそれ以前は何も考えないでいたけど、切羽詰って言わされたら、そういうことになったんだ。

フランス遊学

窪島　先生がフランスに行ったのは何年ですか？

野見山　あれは、昭和二十七年です。

窪島　五十八年前ですから、三十歳くらいの頃ですね。

野見山　僕だけではなくて、その頃、油絵を描いている連中はみんな行きたくてしょうがなかった。だって、みんな本場の油絵を見たことがないのですからね。セザンヌとかゴッホとかいっても、画集のこんな小さいのしか見たことがない。つまり、油絵を勉強していても、誰もヨーロッパ人が描いた油絵を見たことがなかったからです。

窪島　たしか本で読んだのだと思いますが、先生はパリに行こうと思った時、林武さんのところに行ったんですって？

野見山　当時は一般にはパスポートは出しませんでした。教師になって文部省から派遣になるか、新聞記者になって特派員になるか、そういうことでないかぎり絵描きではパスポートは出ないので、これは駄目だよということだったのです。ところが幸いなことに、フランス政府私費留学生募集というのが新聞に出ていて、美術の部門もあった。それで文部省に問合せたら、いろんな書類を提出しなければならない。その中に、出身学校の主任教授の推薦状というのがあったんです。僕の当時の教授はもう誰も生きていない。仕方がないので学校に行って相談したら、現在の教授のところへ頼みに行けと言われ、それが林武だったのです。別に林武に教わったわけではないが、役目上、書いてくれました。

窪島　先生はなぜパリだったのですか？　絵描きになる以上、油絵を見ておかなければならないというお気持ちだったのですか？

野見山　油絵が好きだから、画集を見るでしょう。セザンヌはよくわからなかったけれど、ゴッホはちょっとゾクッとくる。だけど、絵描きにとって絵の肌触りがわからないというのはもどかしい。その表面の肌触りを、僕はどうしても確かめたかった。今はみんな見ていますけど、当時はそれを確かめるすべがなかった。

窪島　先生はとても画肌《マチエル》にこだわりますよね。

野見山　それほどではありませんけれどもね。だけどね、モノは触覚ですよ。

窪島　いや、鎌倉にいた酒井忠康君（現在の世田谷美術館館長）が、一緒に展覧会の審査をしているとき、先生は落選している作品を追いかけて行って、もう一度画肌を見ていることが多いというようなことを言っていました。

野見山　評論家がこれはよくないと言っても、絵描きは、あそこはどうして描いたのかと気になるんですよ。

窪島　面白いのは、堀内正和先生なんかは、とんでもない絵に手を挙げるんですって。「なぜ堀内先生はあの絵に手を挙げたのですか？」と質問すると、「いや、僕には描けないから」と答えたそうで（笑）、面白い価値判断だなと思いました。

野見山　それはわかりますね。

窪島　無言館のやりとり以後は、こうして親しく先生とお近づきになりましたが、それ以前は野見山先生というのは僕にとって「活字」の中の人でした。パリ時代、先生は田渕安一さん、金山康喜さんたちとあちらに行ったりこちらに行ったりと、ヨーロッパを旅行した時のことなんかを活字で読むと、和気藹々《あいあい》という感じで、読んでいるほうもウキウキしますね。で、年譜で野見山先生のことを書く時は、「ここで親交を結ぶ」などと簡単に書いてしまうわけですが……。

野見山　僕は戦死者のところをいろいろとまわったでしょう。そうした画友は、スケッチブックやノートの端に「乞食になってもいいからパリに行きたい」とか、「本物を一目見られれば死んでもいい」とか書いていたりして、油画科の奴は例外なく皆フランスに行きたがっていました。日本人が描いた油絵なのに、静物といえば、厚いテーブルの上に、ごつい皿の果物やキュラソーのビンが置いてあって、アグリッパの像があって……。つまり、みんな西洋のもの、日本にないものを部屋に置いて描いていたわけですから。

逆に、ニューヨークの美術学校に日本画科というのがあるとして、そこの生徒は日本人が描いた日本画を一度も見たことがない。日本で学んできたアメリカの先生が描いた日本画を見て勉強させられる。それで、春日神社とか富士山の絵を見せられると、本当にそこにそれがあるのかが信じられない。絵描きが作ったイマジネーションなのか、レアリズムなのか、それすらわからない。一度そこに行って確かめて来たいと思うはずです。

窪島　見たことのないものを、モチーフとして与えられてしまっているわけですね。

野見山　ヨーロッパ的な風土、その色、その厚みを描かないと油絵にはなりにくい。だから、土を描いても、日本の土にはないような赤い色にしたりとか……。

窪島　先生はパリに行かれましたが、結局、戦地から帰ってこられなかった人たちは、ホンマもんの西洋画も知らないまま、ホンマもんのピカソやゴッホも知らないまま、亡くなっているわけですよね。

野見山　だから、どんなに行きたかったか。僕らは在学中から、何としても行きたいという気持ちが強かった。

窪島　先生はおっしゃっていましたよね。今でこそオルセーからポンピドゥにいたるまで、あらゆる展覧会が日本でひらかれるけれども、これをみんなに見せたかった、見たらさぞ喜ぶだろうなということを。

野見山　それはもう、本物を見られないということほど、本物に憧れることはない。

窪島　しかし、本物を見るというのは、ある意味で手前の熱いパッションを失わせるということでもあるような気がします。

野見山　だから、面白いのは、明治の日本の代表的な油絵展というのを見た時、いいなと思うのは、高橋由一とか萬鉄五郎とか、つまりヨーロッパに行っていない人の絵なんだ。

行った人の油絵は、これはルノアールの影響ではないか、ドガではないかとか思ってしまう……。

窪島　僕の好きな村山槐多なんかが面白いのは、そうしたヨーロッパの影響が全くないことです。むしろ、ただひたすら西洋画に焦がれることによって描いているところがある。

野見山　岸田劉生なんか、こうすれば油絵か、こうすれば油絵かと訴えてくる。そういうものです。

窪島　では、その当時のパリで一番印象深かったこと、勉強になったことは何だったのですか？

野見山　ああ、なんだ、目の前のものを、その通りに描いただけじゃないか、と納得しました。そりゃ日本と違って空気は乾燥していて、透明だし、人間は顔も体も我々よりずっと立体的です。そういう点では油絵になりやすい。しかしごく自然に、それらを受けとめればいいと。

『祈りの画集』のこと

窪島　さて、最初にも出てきた『祈りの画集』という戦没画学生の画集についてお聞きしたいのですが、いまから二十数年前、「祈りの画集」と題するＮＨＫのテレビ番組があった。それは芸大の卒業生名簿に基づいて、戦争に駆り出されて帰ってこられなかった人たちを訪ねてようやく放映にこぎつけたもので、三年後の一九九七年八月十五日、再び「空白のカンバス　戦没画学生の記録」なる番組が放送されたんですね。どちらも企画の段階から野見山先生が関わってこられたとお聞きしています。

野見山　あれは、ＮＨＫが「日曜美術館」という番組で、戦没画学生の家を訪ねて、絵を掘り起こす特集をやりました。その番組に、僕と宗左近と安田武の三人と、それからもう一人、僕の一級上に向井良吉という彫刻家がいて、なんで選ばれたか知らないけれども、その四人がゲストでした。すでに収録してあったテレビ録画を四人で見て、それぞれに感想を言う。僕も「これは僕の同級生だったけれども」とか何とか話しましたが、それを収録されていた映像の合間に、はさんでいったのです。

窪島　それで、番組に感動した日本放送出版協会の編集者が、この番組を本にして残したいと企画して、野見山さんたちと一年がかりで、全国から画学生たちの絵を集めて、『祈りの画集』ができあがったんですよね。実は僕はテレビ番組を見ていなくて、本が出てから読んだんです。それまでは誤解していたんですけれど、先生が戦没者の各ご家庭を訪問したのは、テレビの録画を見せられた後だったんですね？

野見山　その反響が大きかったというので、ＮＨＫ出版の方がそれを画集にして出そうという企画を持った。それでゲストの人たちを呼んできて、亡くなった方のところをまわってくれないかということになりました。

窪島　あれは、ちょうど先生が五十七、八歳ですから、東京芸大の教授をなさっていた頃ですよね。

野見山　そうです。

窪島　本を作る時はなぜ先生一人で訪問をさせられたのですか？　テレビでは、向井先生なんかも一緒だったのでしょう。

野見山　それは宗、安田の二人はもの書きだから、画学生のところをまわって原稿を書いてもらうということになった。僕は文章を書いたことがなかったけれど、美校の出身者を一人、入れた方がいいということになったらしいです。油画科を出た戦没者が圧倒的に多いので、僕にしたのでしょう。

窪島　でも、あの本は先生の文章でもっているようなものですよ。

野見山　ただ、僕はそれまでちゃんと文章を書いたことはなかったんだ。

窪島　僕が『祈りの画集』を手にとった時、もちろん皆さんそれぞれのお立場からお書きになっていますが、画学生たちと同じ美校に通っていたという経験をもつ野見山さんだけは特別だなと思ったのです。他の人たちは、訪ねる相手を知らない。野見山先生だけが知っているわけです。簡単にいうと、企画のバランスがとれないないというふうに思ったんですよ。あの時はまだ先生が本をあまりお書きになっていなかったからよくわからなかったけれども、文章の質というよりも、画学生さんたちとの距離が他の人たちと全く違うわけです。それで僕は、あそこに書かれた先生の文章に、今でも暗記しているところがあるくらい、非常に強く打たれたんです。

野見山　他のお二人は、遺された絵の道具や、アルバムを見せられても、まるで無縁のもので、取りつくしまはなかっただろうと思います。それは文章が書けるかどうかという以前の問題です。はたして絵描きが一緒にまわって文章が書けるのかと企画の側では危ぶんでいたと後日、カメラマンの小野さんが内幕をあかしてくれましたけど。

窪島　結論から言えば、あの画集がなければ、僕は先生を槐多忌にもお呼びしなかったと思いますね。その時のお話を一番聞きたかったわけです。それで、冒頭に言ったように、今から十五年前の槐多忌になるわけです。そういう意味では、僕にとっては、本当に『祈りの画集』という本は決定的でした。結局あれが、先生に「一緒に行きましょう」とお願いするきっかけになったんですからね。

第三章　遅れてきた「傍観者」

ニューヨークを彷徨う、窪島館主30歳

焼け跡に立つ

野見山　窪島さんの話に移ろうか。

窪島　はい。でも、先生のお話を聞いたあとでは、何だか情けないような底浅な人生経験で……ちょっと話をするのがツライんですが。

野見山　いや、僕は今まであまり窪島さんの話は聞いてこなかったから……。

窪島　そうですね。やはり僕は先生とくらべると、戦後という時代によって自分が作られてきた人間だという意識がつよいんですね。つまり、先生や先生の仲間が生きてきた戦争という時代、それは日本にとって敗戦という現実だったわけですが、その敗戦の対価というか、見返りとしてあたえられたのが戦後の経済繁栄だったんだと思うんです。僕はまさしく、そうした戦死者の上に築かれた戦後繁栄に対して、何の疑問ももたずにそれを享受してきた人間だと思っているんです。

野見山　なるほど、ね。

窪島　僕は二歳のときに生父母と別れて養父母のもとで育てられるんですが、両親は世田谷の明大前で靴の修理をしていた職人で、とにかく貧乏でした。戦前はそれでも小さな靴の修理屋の家をもっていたんですが、宮城県の石巻に疎開していて帰ってきた昭和二十年九月は、もうあそこいら一帯は一面の焼け野原で、その焼け跡から裸一貫で僕を育ててくれたわけです。一枚の海苔を親子三人で分けあって食べるような、そりゃヒドイ生活だったことを覚えています。

野見山　苦労したんだな？

窪島　まあ、苦労したのは親たちのほうで、僕はまだ幼かったから何にも感じませんでしたけどね。

野見山　あの頃、戦争でやられた家はみんな大変だったようだから。

貧困と無知の涙

窪島　それにしても、小さい頃から芸術に焦がれていた子でしたから、やはり家の貧乏はこたえましたね。本を買ってもらえなかったし、親は新聞も本も読んでいないし、ましてや美術館などには連れて行ってもらえるわけもなかった。だから、野見山先生とは意味が違うけれど、やはり、渇望していたものが与えられなかったというのは大きいです。ただ、大きいけれども、そうした経験があったから、今があるというのも事実です。先生の場合だったら、絵を描いていても怒られなかったわけでしょう。親は僕を靴の修理屋にしようと思っていましたから、今の段階で話すとおかしなことになるんですが、親ははじめから僕が水上勉さんという人の子どもだということはわかっていたので、僕が本を読んだり、絵本まがいのものを書いたり、物書きの領域に近づくことをものすごく警戒していました。ところが、僕は勝手に本を読みたい、絵を描きたい、美術館に行きたいというような人間に育っていくわけです。

野見山　面白いね、そういう環境にいなくてもその方向に行くわけだ。

窪島　そうなんです。だから僕は、例えば親がしょっちゅう絵を描いていたから絵の道に進むとか、お母さんがピアノを弾いていたから自分もピアノを弾くとか、それまで環境がそうさせると思っていたんですが、「窪島誠一郎」というモルモットを知ってからは、考えが変わりましたね。養父母は誰も絵を描いていないし文章も書いていないわけですから、便利な言葉でいえば「DNAです」と言うしか説明がつかない。そういうわけで、少年時代はいつも親に反抗して、ここは自分のいるところではないという気持ちを持ち続けていたんです。

野見山　血は争えない。

窪島　ただ、養母のハツは優しい人で、あの頃、わら半紙が一枚五十銭、二枚で一円だったんですが、わら半紙や鉛筆だけはよく買ってくれました。当時も一般的には原稿用紙に文章を書いている時代でしたが、もちろん子どもだから原稿用紙に書いたことなんてほとんどなくて、わら半紙に絵を描いたり文章を書いたり、自分で手製の本を作ったりしてたんです。父親は、僕が中学を出たら、池ノ上の何とかという靴屋に奉公に行かせて、靴の修理屋にすると決めていましたから、僕も早くから高校には行けないと思っていました。ただ、絵を描いたり文章を書くのはとても好きでしたから、母親が紙や鉛筆を買ってくれるとうれしかったのを覚えています。

野見山　小学校の科目で綴方というのがあったので、そこで読書感想文を書いたり、宿題で書いたりしたことは覚えている。

窪島　読書感想文を書く時には、コクヨの原稿用紙を買ってもらいました。それから、あの頃影響が大きかったのは、『少年』とか『おもしろブック』という月刊誌があって、これは定価が百円で、毎月七日に出るんです。家の近くの明治大学の前に明雅堂という本屋さんがあって、よくそこへ行っていました。後になって作家の中野孝次さんがこの近くに引っ越してきたのですが、その中野さんが「窪島誠一郎という子は朝から夜までずっと立ち読みしていた」と明雅堂の主人からきいたと、何かに書いているほど、僕の立ち読みは有名だったようです。明雅堂とかぎらず、あの頃の本屋には温情があって、「あの子には立ち読みさせてやろう」と、はたきで追い返すようなことは絶対にしなかった。日がとっぷり暮れるまで読ませてくれたんです。

野見山　面白い話ですね。

窪島　その頃ハツが、『おもしろブック』とか『少年』とか『少年少女譚海』を買ってくれて、僕はそんなのをずいぶん読んでいましたね。そして、それに載っているのとそっくりの探偵小説を学校の壁新聞に連載したりして……。その時の仲間が島田晋吾さんといって、今は平凡社専属の編集プロダクションをやっています。彼は後に、僕が『父への手紙』（筑摩書房）一冊で沈んでしまおうとしていた時、声をかけてくれて、『信濃デッサン館日記』（平凡社）をシリーズで出してくれたんです。だから、養母のハツには感謝しないといけないですね。親父にはそうしたところはありませんでしたけれども。

飲み屋のある時代

野見山　その後、独立して飲み屋を始めたんだよね。

窪島　そうです。ま、飲み屋といっても、親子三人で寝ていた甲州街道ぎわのバラック小屋をシロウト大工で改造して、何もかも自分でつくって……十人も客が入るといっぱいになってしまうようなマッチ箱みたいなスナックを開業したんです。

野見山　そうか、スナックか。

窪島　あの頃はまだ居酒屋という言葉は世の中に登場していなくて、夜おそくまでアルコールや軽食を出している店をスナックと呼んでいたんです。

野見山　なるほど。

窪島　せまい店のカウンターで朝から晩までシェイカーをふって、焼きうどんやアタリメをつくって……いつのまにか絵描きのタマゴとか、演劇や写真をやっている若者とか、いわゆる芸術家気取りの客がやってくるような店になって……ああいう店は、やっぱり主《あるじ》の趣味にあう客がやってくるもんなんですね。

野見山　そこには、もの書きは来なかったの？

窪島　来ましたよ、北杜夫さんとか大藪春彦さんとか。

野見山　その人たちの影響というのはない？

窪島　なかったですね。むしろ僕は画家の原精一さんに影響を受けました。原さんはあの頃よく来られていましたから。原先生は萬鉄五郎のお弟子さんでしたから、村山槐多が大好きで、僕が槐多画集を洋酒棚に飾っていたら、「槐多を知っているの」と聞かれたので、「知っています」と答えたんです。ただ当時僕は「槐多」という字がまだ読めなくて、最初は「かたまりた」と読んでいた。「かたまりた画集」と（笑）。原先生が「カイタ知っているのか」と言うので、それで初めて「カイタ」と読むんだと知ったわけです。

野見山　ははは……。

窪島　原さんは酔ってくると、「一本のガランス」とか、いろいろな槐多の詩を朗読してくれました。あの当時、明大前に五十嵐という絵の具やキャンバスを売っている店があって、現在もあるんですが、その絵の具屋さんに原さんや織田廣喜さんがよく来ていて、帰りに五十嵐さんが僕の店に連れてきてくれたんです。原さんは、ホワイトホースのオンザロックという高いお酒を飲んでいましてね。ずっと後になって、『芸術新潮』がお膳立てしてくれて、「槐多万歳」という対談を原先生とすることになった。新潮社が神楽坂の料理屋に席をしつらえてくれて、まだ僕はデッサン館をつくって一年ぐらいだったんですが、原先生が「あんたとよく似ている飲み屋の親父を知っているんだよ」って言うんです。「それ、じつは僕なんです」と言って、大笑いになったことがあります。

経済成長を生きる

野見山　他にも面白い人が大勢きたんでしょ？

窪島　あの飲み屋の時代は面白かったですね。昭和三十八年でしょう、翌年が東京オリンピックでしたから、日本という国そのものがヤル気満々でしたね。来ていた連中には、まだ新人写真家だった西川治さんや高梨豊、それから役者で言えば、まだ十六歳だった関根恵子（高橋惠子）さんがいたし、錚々たるメンバーでした。そういう人たちと、シェイカーを振って、焼きうどんを作りながら、三島由紀夫のことなんかを語ったりするわけです。あの頃は出口裕弘というバタイユを研究されていた先生――今もご活躍ですけれども――や、中央公論の校閲をなさっていた西紋士郎さん、編集長をしていた宮脇俊三さんも顔を見せました。宮脇さんは『時刻表二万キロ』（河出書房新社）の人です。宮脇さんは、神谷バー、つまり東郷青児や村山槐多らが行っていた電気ブランで有名な僕らのあこがれのバーの御曹司と結婚した、版画家の神谷信子がお姉さんなんです。僕は神谷さんがニューヨークにいらした頃、野田英夫のことでずいぶんお世話になりました。その時、帰ったら弟が編集者をやっているので会ってみたらと言われて、紹介されて会ったら、宮脇さんが「あんたマスターじゃないの」って言うんです。宮脇さんも松原町に家があったので、新宿の方から車でくるとウチしか飲む店がなかったから、あの頃はみんな排水溝のように流れてきていました。飲んで、さわいで、酔っ払い運転でも、事故さえ起こさなければあまりとがめられなかった、そんなのんきな時代でした。

野見山　確かにそんな時代だった。
窪島　ただ、大学を出なかった僕にとって、あの水商売時代の体験そのものが大学でしたね。絵描きと話をしていれば自分が絵描きになったような気分でしたし、写真家と話をしていれば写真家になった気分……いわゆる表現者の疑似体験というか……現在の僕のある種の感受性みたいなものを育てるには大いに役立ったと思います。
野見山　なるほど。家ですんなりと育てられた僕から見ると、冒険に満ちた筋書きが、むしろ羨ましい。

富と芸術

窪島　とにもかくにも、あの頃は楽しかった。昭和三十八、九年くらいというのは、日本中が燃えていましたからね。お客も「俺は一旗揚げるぞ」という人たちばかりでしたし、焼きうどんを売っているこちらも「これは世を忍ぶ姿だ、俺だって一旗揚げるぞ」みたいな気持ちになって、そうした欲求不満が、翌年の昭和三十九年にキッド・アイラック・ホールをつくらせるわけです。
野見山　ああ、あの明大前に今もある小さな多目的ホールね。僕も何回か行ったことがあるけど、なかなかいい雰囲気のホールじゃないですか。

窪島　ありがとうございます。今でも細々とつづけていて、小さな劇団やバンドの公演に使ってもらっているんですが……あのホールはいってみれば僕の原点のような仕事で、今では僕は世間的には「美術館主」ということになっていますが、そもそも一番最初の仕事は「キッド・アイラック・ホール」と名付けたあのホールだったんです。今年ですでに四十六年めをむかえる老舗のホールになりましたが、はじめはスナックの二階を改造してつくった五、六十名でいっぱいのオンボロ芝居小屋で、途中区画整理にあって、今は二回りほど小さくなって、明大前駅近くで営業をつづけています。

野見山　何かで読んだんだけど、あのホールは芝居のほかに歌なんかもきかせていたんでしょ?

窪島　そうですね。これまでに主にアンダーグラウンドのアーチストのコンサートをずいぶんやってきました。ついこのあいだ浅川マキさんが亡くなったけれども、マキさんなんかはあの頃の最初の人でした。友部正人さんとか、長谷川きよしさんとか、荒木一郎さんとか、それに演奏家としては坂田明さんとか……。

野見山　自分で絵は描かなかったの?

窪島　中学時代に仲がよかった男が、その頃、心象作家協会というモダンアートから分かれた抽象画ばかり描いているところに所属していて、その男の影響でほんのちょっと描いていました。彼は今は建築屋の社長をやっているんですが、彼に連れられて、生まれて初めて絵の具箱を持って、新宿の区民センターでやっていたデッサン教室に行きましてね。裸婦を描かせるからと言われて、ついて行ったんです。初めて女性の裸を見て、僕はどうしていいかわからないのに、小林という男はその頃から裸婦を上手に描いていました。僕は邪心があるから、とても正視できなかった。その小林の後をくっついていた男が、美術館をつくったのだから、面白いですよね。三橋美智也という歌手が友達の三味線を弾くために後ろについて行って、自分が歌手になっちゃったというのはすごくよくわかります。

野見山　そういうのは多いよ。黒田清輝なんかも、友人が絵の研究所に行くのについて行って、日本の草分け的絵描きになった口だ。その後、絵描きの方に行こうというのは考えなかったの?

窪島　まったく考えなかったです。絵の才能がないのはわかっていましたし、水商売が当たったということで、そうした欲求はかなりスポイルされました。渋谷の東亜という服地屋さんに二年半勤めていたんですけれど、給料が月六千円か五千円もらえれば上々という時代に、一日でそのくらいの売り上げがあがるわけですからね。そうすると、それまで詩を書いてホッチキスで留めて同人誌なんかつくって、将来は貧乏でも芸術家になって生きてゆくんだなんて気持ちは、ぶっとんじゃったんです。金が入るというのは、すごいことですよ。でもやっぱり心の底では絵が好きだったみたいで、さっき言った織田廣喜先生の三号をミドリ屋で買ったりしました。後で織田さんに、「この絵はいい絵だ、僕の好きな絵を買ってくれた」なんて言われて、有頂天になって……、徐々にコレクションが始まったのは、その頃からでしたね。

水上勉さんとの出会い

野見山　物書きになろうという気持ちは?

窪島　そうですね。絵描きになるという感覚はなかったけれども、どこかでものを書きたいという気持ちはありました。十八、九歳の頃から小説や詩を書いて、あちこちに投稿したりしていましたしね。後に水上勉さんと出会った時に、僕のまわりの友達は、大半が「ああ、そうか」という感じで、あまり驚かなかったようです。

野見山　でも、その頃は父親のことはわかっていなかったわけですよね?

窪島　たまたま父と出会う一年くらい前に、ある雑誌に、僕がは野田英夫についてのエッセイを書いて、水上先生が他のエッセイを書いて、隣りあわせに載っていたことがありました。もちろん僕はそれを読みましたが、先生のほうはすでに有名な作家だったから、僕のエッセイなんか読まなかったでしょうけど。

野見山　最初に会ったのは？

窪島　水上さんと出会ったのは「信濃デッサン館」を開館する前々年、建設準備に入った時でした。「水上父子が奇跡の再会」なんて新聞記事がのって、そこで突然、マスコミの寵児になるわけです。それまで胡散臭く自分を見ていた人たちがコロッと手のひらを返したようになった、そんな感じがありましたね。

野見山　反響は大きかったね。そのいきさつを書いた『父への手紙』を、僕は読んで、よくもこんなに執念を持ち続けられるものだと、感心しました。

窪島　驚かれた方のなかに、小磯良平さんがおられて、小磯さんは、あの頃から画壇ではトップの人でしたから、やはり人気作家だった水上先生とは親しくて、軽井沢の何とかいうところでゴルフをやっている仲間でしたから。僕はあの頃野田英夫の評伝を書く準備で、新制作派協会で野田と親しかった小磯先生のところにはよく聞き書きに行っていましたから、私たちの対面には心底びっくりされたようでした。

そういえば、聞き書きにゆくと小磯先生は「君はお金がないのだろう」などとおっしゃって、パステルのデッサンを描いてくれましてね。小磯さんに「これを梅田画廊かトアロード画廊にもってゆきなさい。少しはお小遣いになるから」と言われて、それを言われた通りに梅田画廊の野呂さんというところに持っていくと、くるくると巻いた外国婦人のデッサンが、すごいことに二百万円にもなるんです。一キロほど歩いただけで、二百万円になるんですよ。でもどうやら僕は失敗したみたい。もっと高く売れるところがあったらしいんです。そんなことが二度ほどありましたね。それと、水上さんとの対面には、それ以前から親しくさせていただいていた大岡昇平先生も驚かれていましたね。昇平先生は村山槐多のファンで、僕は富永太郎の画集を出すお手伝いをさせてもらっていましたから。「新聞見たよ、エライ奴と会っちゃったな」なんて言われてました。

画廊経営

窪島　ただ、そうした父子の対面とは関係なく、何年も前から自分が何に対しても傍観者でしかない人間だ、ということには気づいていましたね。確かにキッド・アイラック・ホールでは、若い人たちが芝居をやっていて、カウンターには女優さんや写真家の卵がやってくる。有名な作家がくる。しかしそんななかで、僕はといえばビールの栓を抜いて、売り上げを計算して、翌日になると駅前の銀行に届けるだけ。こんな人生でいいのかなというぼんやりとした意識がめばえたのは、四軒目のチェーン店ができた頃ですね。自分はこのまま終わっていいのかと思いはじめました。

野見山　それで画廊を思いついたの？

窪島　いや、最初から画廊をひらこうなどとは思っていなくて、あの頃、ロッキー青木というアマチュアのレスラーがいて、ニューヨークで紅花というステーキハウスをしていたんです。僕はそれに憧れて、自分もアメリカに焼鳥屋みたいな店を出そうと思って、ニューヨークに行くわけです。日本画家の野田英夫のことでニューヨークやサンフランシスコに、英語もしゃべれないのに四十何回も足しげく訪ねたなどと、最初から野田英夫を追いかけてアメリカに行っているように僕はあちこちに書いているんですが、あれはウソで、じつははじめは焼鳥屋を作りたくて行ったんです。

野見山　焼鳥屋ねえ、野田英夫じゃなかったんだ。

窪島　そうなんです。マンハッタンのサウズアベニューというところの毛皮屋さんのビルを三千ドルで借りるという寸前までいきました。しかし、たまたまお金を用意していなかったので、今度来た時に契約を結びますと言って、日本に帰ってきたら、がらっと気持ちが変わってしまったんです。アメリカだろうとどこだろうと、焼鳥屋は焼鳥屋だろうと、急につまらなくなってしまった。その時、画廊を思いついたのです。新しい親と出会う前の父親の弟が渋谷の明治通りで、「窪島ビル」というのをやっていて、その二階に海老原画廊というのがありまして。ある日、その叔父から電話がかかってきて、「誠ちゃん、絵が好きだったよね、水商売をやめてどこかに画廊を出したいと言っていたよね、二階を使ってくれないかな」と言うんです。「どうして？」と聞いたら、「有名な画家の息子さんの海老原義《よし》という人が借金を作って夜逃げしてしまったんだ。そのままライトもついているから、誠ちゃん来なさい」って。それでキッド・アイラック・コレクション・ギャラリーという、得体の知れない舌をかむような名の画廊を始めたんです。海老原喜之助さんに義さんという息子さんがいたことはそのとき初めて知りました。

野見山　それでうまくいったの？

窪島　いやぁ、なかなかきびしかった。画廊を始めたのはいいけれど、最初は並べる絵がなかったから、槐多の小さいデッサンとか、織田廣喜とか、原さんのものなどを少し並べていました。全然売れなかったけれども、まだ明大前のスナックと併走していて、当時、四軒あった店の権利を手離してすぐでしたから、まだいくらかお金があったんです。

野見山　実業家としての道はもう辞めようと思ったわけだ。

窪島　明大前の本店だけはまだ持っていましたけれども、もうそろそろこの商売には見切りをつけたいという気持ちになっていました。しかし、自分の集めた絵はまったく売れない。関根正二の自画像を、小安さんという浅草の骨董屋から手に入れて、東京都美術館にも関根正二の絵は入っていましたから、何とかなるかなと思ったんですが。都美術館に売ろうとしても見向きもしてくれなかった。

野見山　画廊は何年くらいやったの？

窪島　五年間。その間、倒産はしなかったけれども、儲かりもしなかった。ただ、マニアックな絵描きさんの、靉光とか古茂田守介とかのファンがいて、固定のお客さんはつきました。松本竣介の奥さまから、「あなたは竣介の眼と同じ、子どもの眼をしているわ」なんてロマンチックなことを言われたりして。あの頃、今から思えば金がなくなっていたんです。松本さんからいい絵をお預かりして展覧会をひらいたんだけど、「売れ残りました」と言って、二十点も返しちゃった。借金しても買っておけばよかったのにね。でもお金が入った時には、二点買ったら、一点は売って一点はとっておくというふうにして、いいものをだんだん集めていきました。しかし依然として、自分の好きな絵は売れないし、それならば、いっそ美術館をつくってしまおうと思って、それが信濃デッサン館になったんです。画廊経営といったって、たった五年間です。五年後はデッサン館です。

信濃デッサン館

窪島　昭和五十四年に信濃デッサン館をつくったときは、コレクションは五十点もなかったんですよ。本当にまばらでした。

野見山　今でこそ「夭折画家の館《やかた》」なんていわれてるけどね。

窪島　ええ、いつのまにか「信濃デッサン館」といえば、いわゆる通《つう》好みの画家のコレクションで知られるようになりましたが、最初のうちは大した作品がならんでいるわけではありませんでした。

野見山　そりゃ謙遜じゃないかな。

窪島　いえいえ、スタート当時はそれまでの画廊経営で売れ残った絵ばかりならべていて、せいぜい村山槐多と関根正二、それにアメリカに行って集めてきた野田英夫ぐらいしか自慢できるものはなかったんです。それに、何しろ建設したときにはお金がなくて、薬局に行って買ってきたゴキブリホイホイを地元の工務店に持ちこんで、これとそっくりの建物をなるべく格安でつくってくれって注文しまして……文字通りブロックとスレートぶきの安普請の美術館で、まあ、それがかえって村山槐多の絵なんかには似合っている、なんて言われてますが。

野見山　デッサン館の建設地を上田にしたのは、やっぱり村山槐多が山本鼎《かなえ》との縁で上田で絵を描いていたからなの？

窪島　そうです。槐多の絵をさがして初めて上田を訪ねて、すっかりそこが気に入ってしまって。

野見山　僕が美校の時、村山槐多なんて一般に知られていなかった。同級生も知らない。

窪島　そうですね。最近開かれた松濤町の村山槐多展を見ていても感じましたが、若い人は誰も知らないですね。「衝撃を受けました、こんな人がいたとは……」という感想が多かったようです。僕は槐多のことでは、もう少し話が遡るのですが、渋谷の東亜という服地屋さんに勤めていた頃、今の松濤美術館のある神泉まで歩いて通っていて、そのモーテル街に一軒、何書店だったかな、本屋があって、そこで槐多画集を買ったんです。「かたまりた画集」だとばかり思い込んでね。それが後年になって原先生にくわしく教えてもらうことになるんですけれども、槐多に出会ったのは衝撃的でしたね。あの頃は絵というと、ルノアールとかアングルとか、綺麗な品のいいものが絵と思っていましたからね。村山槐多の絵をはじめて見たときには、エッと思ったものでした。

野見山　僕は一番最初、美術学校一年生の時ですが、佐伯祐三の画集を見て、びっくりしました。それから暫くたって、アトリエ村に引っ越してみると、池袋駅まで歩く途中、ずっと古本屋が並んでいる。画集がいっぱいあるんです。そこで村山槐多を見つけて、すごいじゃないかと思った。学校に行くと、誰も知らない。先生は「裸はこんなに赤くはない、村山槐多？　なんだそれは」と怒られました。

窪島　海老原喜之助なども槐多の影響を受けていますよね。

野見山　あの頃はフォービズムのいい絵描きがいっぱいいいた、僕はすっかりハマってしまった。関根正二とか、いろいろな画集を買いました。

窪島　槐多忌にお誘いした時に、先生が手紙か葉書に「行くよ」と書いて下さって、そのあとに「槐多は自分の学生時代……」と熱く語ってくれていて、あれは嬉しかったです。感激しました。

野見山　槐多と、それから萬鉄五郎とね、この二人の画集はバラバラにして、並べて見ていました。印刷の悪い安っぽい本だったけれど、あの頃は感激していた。

窪島　そうですか。とりわけ槐多の作品には惹かれますものね。それと、ふしぎなことに、デッサン館をつくってから、いい絵が集まり始めたんです。槐多の「尿《いばり》する裸僧」なんて、手に入れたのはその後ですからね。デッサン館をつくった当時は、一民間人が美術館をつくるなんて例は、まずなかったんです。今でこそ市井のコレクターが美術館をつくるというのは当たり前になってきましたが、三十一年前はまだほとんどなかった。群馬県桐生にある大川美術館の大川さんなんか、「これで美術館かい」なんて言ってたほどでした。でも僕の館をみて、大川さんは「俺にもできる」とひらめいたらしいんです。こういう形でも美術館になるのかって、よい影響を与えたらしい。あの人もいっぽうでは実業家でしたから、電話がかかってきて、「デッサンだけで美術館をつくったのか、うまく当てたな」なんて言い方をして……。失礼な、そんな気持ちでやったわけではないのに、と思いましたが、面白かったですよ。

野見山　それで「傍観者だった」という気持ちは整理できたの？

窪島　いいや、そう簡単には整理できなかった。美術館をつくってからも、常に自分が時代の傍観者でしかないという、「空白感」というとかっこいいけれど、何か虚ろなものがずっとありました。飲み屋も箱、キッド・アイラック・ホールも箱でしょう、ずっと箱だった。そういう意味では美術館も箱ですけれどね。信州の武石の峠を越えたところに美味しい最中《もなか》やあんころもちをつくる菓子屋があるんですが、その店に行ったら、主人が「館長さんは偉いね」と言うんです。で、「僕は箱ばかりつくっている男なんですよ」と答えたら、「最中《もなか》は皮が勝負なんだよ、あんこだけじゃ最中はできない」なんて、ウマイことを言われて、励まされて帰ってきたこともありましたけど。

野見山　ハハハハ……そりゃ面白いほめ方だね。

第四章　戦没画学生との出会い

戦没画学生の遺族を訪ねる二人旅

野見山先生との出会い

窪島　そこで、冒頭でもお話しした槐多忌での野見山先生との出会いになるわけですが。

野見山　あれは何年でしたか？

窪島　第十六回の槐多忌だから、十五年半前、一九九五年です。まず、僕が思い出すのは、槐多忌が終わって、先生がお帰りになった時のことです。今からふり返ると、先生を槐多忌にお呼びした段階から遺作を集めようと思っていたわけではなかった。しかし、深入りしていく予感、つまり戦没画学生の展覧会を開くか、信濃デッサン館の一角を戦没者コーナーにするか、あるいは戦没画学生の美術館をつくるか、いくつか選択肢はあったけれども、ぼんやりと何かしたいという思いはありました。それで先生がお帰りになったあと色々考えた末に、僕は先生をお訪ねしたわけです。

野見山　槐多忌から一月ぐらいして、窪島さんがひょろっとやって来た。僕はもう済んだ話だと思っていたのに、まだ何かあるのかなと思ったのです。そしたら、あの時に話した戦没画学生の作品収集と展示に協力してくれないかというわけです。

窪島　その後、先生のところには、しつこく何度か行ったと思いますが、最初はあまりいい顔をなさらなかったんですよね。

野見山　僕も、しつこく「やめた方がいい」と言いました。

窪島　先生は「戦後五十年近く経った今、そんなことをはじめるのは無謀だ、絵は集まらない。お父さんお母さんは死んでいるし、兄弟もバラバラだし、あの頃NHKが調査をしてもあの程度だったんだから」と言われました。僕はそれに食い下がったわけですが、先生はけっして嫌な顔はなさらなかったけれど、「無理だ」とおっしゃっていました。

野見山　その前に、それには金と時間がかかるから、個人ではやれないよと言った。

窪島　講演などでは、「そんなことは君、無謀なことだよ」と先生に大反対されたと言うと受けるし、それに抗ってすっくと立った自分のけなげさが伝わるので、つい少し誇張した言い方をしてしまうんですが、先生が「金もかかる」、「時間もかかる」、「大変だよ」とおっしゃったことは事実です。

野見山　「個人ではやれないよ、金があるの？」と聞いたら、「金はない、けれど体力はある」と言うわけです。それと、「これはずいぶん神経を使うよ」と言ったのです。そうしたら、「だいたいわかっている」と言うのです。「途中で挫折してやめたというのでは、預かった作品を戻さなければならなくなるし、とてもじゃないけれども一人ではできないですよ」、「僕が協力するといっても、財力的に協力もできないし、やめたほうがいい」と何回も言ったのです。

窪島　当時はデッサン館だけで月に何十万円も出費しなければならず、大きな借金も抱えていましたし、信濃デッサン館一つやっているだけでも「大変だ、大変だ」と僕は口ぐせのように言っていましたから、「こんなことを無理してやることはない」と先生がおっしゃってもムリのないことでした。

野見山　そう、「本当に嫌なことが起こるよ、あなたが予見していないようなことが起こるよ」と、かなり脅しましたね。

窪島　案の定、芸大の学籍簿を先生と一緒に見に行ったら、当時の学籍簿は本当にあてにならない。遺族もどこに住んでいるかわからないし、戦死した画学生の名さえはっきりしない、という具合でした。

野見山　それでも「覚悟のうえだ」と言う。僕は最後には、こいつなら本当にやれるなと思って、嬉しかったです。

窪島　嬉しかったというのは？

野見山　僕は遺族と約束をしていたからね。NHKの『祈りの画集』の仕事で訪ねた時、「国はうちの弟を兵隊にとっておきながら、それで死んでも、残した作品を国は預かってくれないのですか」と言う親とか兄とかがいる。やはり兄だけれども、芦屋の人だったか、「自分は弟がかわいくてしょうがないから作品は全部持っているけれども、私が死んだら、私の子どもは見たこともない叔父さんの作品などいらないだろうから、きっと捨ててしまうだけだろう。それだったら、せめて一点でもいいからきちっと保管したい。一点なら子どもも守ってくれるだろうから、選んでくれ」と言われたこともあります。「それは僕には選ぶことはできません」と言いました。「それよりも、どこか預かってくれるところはないのですか」と僕が聞くと、「預かってくれるところはない。亡くなった他の人たちの遺族はどうなんでしょう」と言うので、「他の人たちも、できたら預かってほしいという人たちが多い。それならば僕がどこか預かってくれるところを見つけてくるから」と答えた。ウソでも、そう言わなければ、その家を去ることはできなかった。

　そうしたやりとりを何軒かとしたので、それがずっと気になっていました。そのうち、弘前出身の戦没画学生の家が大きな造り酒屋で、今は使っていない煉瓦づくりの倉庫をユースホステルにするという話を聞いたので、「もしユースホステルをつくるのであれば、その廊下に画学生の作品を並べさせてもらえないか、決してあなたのところに負担をかけない、そこに並べさせていただくだけでいいのだから」と、手紙を書いたこともあったのです。その時は、「いよいよつくるということになれば、頭に入れておきましょう」ということでした。その話はそれっきりになっていて、僕もどうしたものかという気持ちでしたから、この人とならやれると、嬉しかったんですよ。

名簿での手紙から始まった

窪島　それでともかく、戦没画学生の遺族を訪ねる旅が始まったというわけです。まず「お手許に作品がありますか?」というアンケートを入れてお手紙を出すところから始めました。

野見山　窪島さんは用意周到だったと思います。窪島さんに依頼されて、僕は「前にお訪ねした者です」という主旨の手紙を添えた。

窪島　僕が主旨の下書きを書いて、こういうものをご遺族のところに届けたらどうでしょうか、と野見山先生に見ていただきました。聞いたことのない信濃デッサン館の館主だか館長だかの名前では、それこそどこの馬の骨かわからない奴に絵を預けていいものだろうかということになるに決まっていますから、それで先生の一筆を添えて出すのがいいと思い、書いて下さいとお願いしたんです。

野見山　芸大の学籍簿を取り寄せて、そこでわかる限りのところを最初に出したのです。
窪島　何通ぐらいでしたかね、最初は五十通もなかったのではないかな……。
野見山　いや、もっと少なかったよ。
窪島　少なかったですよね、最初は二十通足らずだったと思います。そして、それが全国に発送されて……それで固唾を呑んで返事を待っていたら、無視されたところがいくつかあったけれど、評判はそれほど悪くはなかったのではないかしらねぇ。十ヶ所ぐらいは返事がありました。
野見山　そう、十何ヶ所くらいでした。僕がNHKの出版でまわった時は、芸大の卒業名簿で、だいたい四十五件はわかっていたのです。
窪島「住所不明」で戻ってきたところもありました。
野見山　そうそう、僕が最初にNHKでまわった時から二十年が経っていたから、戻ってきたものもあって、そこでわかったのは十四、五件でした。しょうがないけれども、そこから訪問を始めようということになりました。
窪島　その段取りが大変でしたね。
野見山　NHK出版で訪問した時は、向こうで連絡を全部やってくれていたのです。相手の都合のよい日に僕が空いているかというように、両者のスケジュール調整がとてもやっかいなのです。スケジュールの調整がＯＫになった後、今度はＮＨＫの方でホテルを取り、交通の手配を全部してくれました。今度は、そういうことの一切を含めて、何もかも二人でするのは大変だなというのが僕にはありました。

窪島　たしかに、そういうのはかなり煩わしいことですから。

野見山　それから、行ったところで、邪険に扱われたり、怪しまれたりしたこともあった。いつでもその時代の犯罪というのがあるもので、今はオレオレ詐欺というのがありますが、戦後は戦死者の友達をかたった詐欺が横行したのです。

窪島　「わだつみ詐欺」だね。

野見山　そうそう、終戦直後の食うや食わずの時の話だからね。復員軍人などが農村に行って、「戦地で息子さんといっしょだった」とか、「もし日本に帰れたら実家を訪ねてくれ、と頼まれてきました」、「死に際はこうでした」などと言うのです。そういう話を聞くと、家族はみんな手厚くもてなしてくれた。「遠くから来た」と言えば汽車賃も出すし、百姓家だからお米もいっぱい持たして帰すのです。それからまた数日したら、違う人が現れて、まるっきり違うことを言う。なんのことはない。役場に行って、戦死者を調べてみればある程度はわかることなのだから。

窪島　つまり、戦没者のご遺族には、どこかで痛い目に遭ったり、あまりいい気分ではない経験がおありになった。

野見山　そう、それは画学生の遺族に限らない、いい暮らしや農家出の戦死者の家族が狙われるのです。その挙句にお金を盗られて何が何だかわからなかった、といったこともあった。そういう悪者が横行したけれども、これに遺族が「もう嫌です」と言えないのは、どこかで本当の人が来てくれた時に悪いとか、それでも本当のことが聞けるのではないかという、心にひっかかっているものがあるからです。

窪島　当時はまだ、その余韻が残っていたのですね。

野見山　ＮＨＫの時の経験では、僕らが訪ねて行って名刺を渡すと、「名刺はいくらでも刷ることができる」と疑われたり、作品を撮影しようとすると「後で撮影代を請求しないだろうね」とか言って、「一切応じない」ということもありました。それから、作品を全部玄関に出してきて「撮りたいなら、撮りなさいよ」と言われたり、「写真を撮ったら、すぐ帰ってくれ」とかいう家があったのです。それも、今言ったように、どこかでひっかかっているものがあるからです。だから、そういう家に行くと、後味が悪い。インチキ者扱いするその対応の仕方に耐えられなくなる。だからと言って、「あそこの取材はやめる」と避けるわけにもいかない。そういうことがありました。

どうもね、僕は辛い目にあったことばかり言いすぎる。たまにそういう目にもあったけれど、たいていの家では大事に扱われ、そうすると共に涙を流すのです。これはまた、これで辛いのです。

窪島　僕は先生のような体験はしていませんが、先生のおっしゃる苦労は多少はわかったし、甘くは見ていなかった。しかし何より、作品は一点でも二点でもいいではないかという気持ちがありました。つまり、全国からたくさん集めてきて展示しようというよりは、とにかく二つでも三つでもあれば、それで「戦死した若者の中に絵描きの卵がこんなにいたのだ」と、戦争の間に絵を描いていた人の存在を公けにできると思った。また、発見されないたくさんの絵のことも、集まった数点の絵で語れるのではないかという気持ちがありましたから、最初からあまり大漁を期待して船出したわけではなかったんです。

二人三脚の旅

窪島　先生と一緒に一番最初に訪ねたところが、栃木県南河内郡出身の伊澤洋という、ニューギニアで二十六歳で死んだ画学生の家です。とても不便なところで、先生は途中で体調を崩して「車を止めろ、吐きたくなった」とかおっしゃっていましたね。お兄さんの民介さんという人が奥様といらっしゃって、そこを訪ねました。今から思うと、スタートがよかったですね。
野見山　うん。最初はプレッシャーがあって、胸が苦しくなるような状態だった。
窪島　それが、「ようこそいらっしゃいました」と野見山先生を迎えてくれて……。
野見山　家は森の中なんですよ。その森の入り口にお爺さんがじっと立っていました。僕と顔を合わすや、「二十年ずっと待っておりました」と言ったのです。そのとき僕は、「あぁ、来てよかったなぁ、生きていてよかったなぁ」と思いました。前に訪ねた時、「どこかに絵を預かるところを見つけたら、必ず来ます。また会いましょう」と言って、無責任だけれど逃げるようにして帰ったでしょう。それをそのままじっと「二十年待っていた」と。
窪島　たしか、その民介さんが立っていた脇に立派な墓があって、「戦没画学徒伊澤洋之墓」と書いてありました。森の中にあるのは貧乏な家なのです。ひしゃげたような、本当に裸電球にくもの巣がはっているような家なんですけれども、大奮発して墓を建てたのでしょうね。
野見山　家の中を歩くと、ギシギシと音がして……。
窪島　そこに伊澤洋の、一家団欒を描いた絵がおいてあっ

伊澤洋「家族」

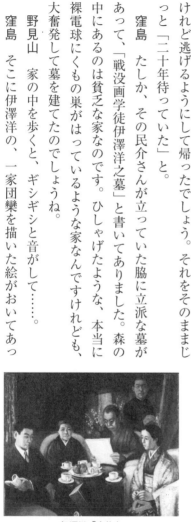

た。おいしそうなミカンがむいてあって、蓄音機があって、みんなゴージャスな一張羅を着ている。その絵と現在の家の様子のあまりの落差に、つい「戦前は伊澤家はよかったのですね」と聞いたんです。そうしたら民介さんが、「いやいや、これは洋の空想の絵でね。あの頃はもうそれどころではなかったんですよ。とにかく土まみれで働いていて。こんな裕福な時間をもつことなんて一度もなかった」と言われて、それがとても印象的でした。そして、二人して黙りこくって帰ってきた。

野見山　僕が最初にお訪ねした時は、その家なら「向こうに見える森のところにある」と言われて訪ねて行くと、森の中に入っても家がないのです。通り過ぎた集落に着いて、そこで聞くとやはり「あの森だ」と言われて、また引き返した。二度ほど通っても、どうしても家らしきものがない。そういえばあのニワトリ小屋にいるのかなと思いました。それが伊澤さんの家でした。それで、わざわざ言うこともないのに、「ニワトリ小屋だと思って二度通りすぎた」と遅れた言い訳を率直に言ったのです。このおじさんだったら、言ってもよかろうと思ったのです。

窪島　九州の佐久間修さんのところには、先生はい

佐久間修「静子像」

らっしゃらなかったんですね？

野見山　熊本の家は行かなかったが、奥さんを小倉に訪ねました。

窪島　僕は記憶がごちゃごちゃになっているんですが、たしか伊澤さんの近くに高橋助幹の家がありましたね……。

野見山　高橋さんの家には行ったが、あれは北関東の方です。学校のとき高橋さんとは同じアトリエ村で、毎日のように行き来していた。お姉さんを訪ねてゆきましたが、あの日のことは忘れられない。

窪島　当然のことですが、以前に先生が『祈りの画集』で巡っているところと、先生が行っていないところでは、微妙な温度差があったようです。先生が行っていないところは、宗左近さんとか安田武さんが行ったのかもしれないけれど、僕らのことは全然知らないわけです。ですから、最初はやはり先生のお得意さんのところからとりかかろうということで……。

野見山　僕が当初、訪ねていないところへ伺った時には、まずいこともあったよね。まずかったというのは、何となく胡散臭いように見られて、僕が「同級生です」と言っても、「どこで？」とか言われたりして……。

窪島　どこだったか、先生が「窪島君はネクタイはないのか」と言うから、「ないです」

と答えたら、「しょうがない、僕がネクタイをして行こう」と言ってくれたこともありましたね。それから、先生の名刺は「野見山暁治」としか書いていなくて、「先生、横に何か書いてください」とお願いしたら、そこによれよれの字で「東京芸大名誉教授」と書いてくれたのだけど、それを付け加えたら余計怪しい名刺になってしまって……（笑）。最初はいぶかしそうな目で見られましたね。でも、先生の強味は、同じ美校時代を生きているので、しゃべっているうちに話が合うわけです。

野見山　そんなこともあったかな（苦笑）。

窪島「絵を集めるのにご苦労なさったでしょう」とよく人から言われるけれど、集めるのにそんなに苦労したのかな？　と思う時があるんです。案外、どこにいっても歓迎されましたよね。お寿司をとってくれたりして、「今まで、ここに投げてあった絵だけれど、それをわざわざ訪ねて来てくれて」といった気持ちだったんでしょうけれど、おおむね歓迎してもらえた感じがします。

野見山　だいたいね。僕は美校で、三年目にだぶっているので、一級下とも同級生になった。つまり二学年の間の戦死者は

中川勝吉「風景（道）」

かなり多かったが、どちらも同級生だからね。四国で中川勝吉のところに行って「同級生です」と挨拶した。中川勝吉は末っ子だったから、兄たちが五、六人いたのがみんな集まっていて、そのうちの一人の兄が僕を指差して「こいつニセモノだ」って言うんだ。自分の弟の同窓会名簿を見たが、僕の名前がないと言うのです。僕は卒業が一年遅れているから、その年次の名簿には出ていない。だから、「こいつはニセモノだ」ということになったのだけれど、僕は中川と三年まで一緒で、卒業は一年あとです。

窪島　尾田龍馬と中川さんは宇和島の中学で親しかったんですよね。

野見山　そこでは同級生だったけど、一年先に中川が入った。だから僕は「最初は中川と同級生、後は尾田と同級生だった」と言ったら、納得してくれたけれどね。

窪島　二人のご遺族には本当にあたたかくしてもらいました。例えば、尾田さんのところに行けば、野見山先生の代行が行くわけですから、美味しいふぐの料理屋に連れて行ってもらったり。

野見山　それは僕の代行だからご馳走したのではなく、半信半疑でいたのが、『祈りの画集』の本ができていたから、よかったんですよ。しかしこの二軒のご家

尾田龍馬「自画像」

族、忘れられないなぁ。皆さん死者をめぐって、兄弟愛にあふれていた。

窪島　でも、僕は無言館に並んでいる画学生の絵を見ると、このご遺族にはふぐをご馳走になったな、なんて思っちゃう（笑）。尾田龍馬のご遺族は、今も何くれとなく無言館のことを気にかけて下さっています。

野見山　うん、あのお父さんは東大を出て、夏目漱石と同級生だったのです。だから、宇和島の市長の奥さん、何と言う名前だったかしら……。

窪島　タワラさんじゃないですか。

野見山　はじめ四国の港に着いたその時まで、実は尾田龍馬が亡くなったというのを、僕は知らなかった。学校に連絡がなかったから。そうしたら、中川勝吉の家で初めて死んだというのを聞いて、その足で船に乗って行った。だからいきなり行ったんだ。

窪島　いきなり……。

野見山　だって、八幡浜から宇和島まで船で近いんだよ。ま、話は違うが、あの時代は今と倫理観が違って、佐久間修を訪ねた記事のところで「学生時代に結婚した」と書いたら、後日、奥さんに怒られてね。「私たちは学生時代につきあっていたけれど、手を握ることもしていません、学生で結婚なんて何事ですか」って。訪ねていった時、奥さんは、学生時代に一緒に行った展覧会や音楽会のカタログを見せてくれたし、佐久間修が作った歌も見せてくれたものだから、そう僕は思い込んだんだね。まずかった。今なら何でもないんだけどなあ。

窪島　西岡健児郎なんかはたった三ヶ月の新婚生活で入営して、二十六歳で亡くなったんですが、今、八十いくつになる奥さまは、絵と一緒に「これも全部持って行ってちょうだい」と、ラブレターから遺書から何もかもうちに託してくれたのです。託してくれたのはいいのだけど、彼の戦地からの手紙には、なまめかしい手紙も入っているんで、こんなものまで預かっていいのかなとも思ったんだけど、ふと顔をあげると、もう八十いくつの奥さまがいるわけです。この奥さまが二十代の青春期には西岡さんと熱烈な恋をしていた。それを知ったら、何となく心がホッとあたたかくなるような気がしました。

野見山　画学生のところをまわっていると、家族の秘密を知ることもあって、そういうことでやっかいなことがあるね。

窪島　そうそう。

野見山　東北の方で、お父さんは鋳金の有名な人で、その長男が戦死しているんです。お父さんは早くに妻を亡くして、後添えをもらっているが、やがてのことに父が亡くなると、

西岡健児郎「妻（せつ）」

その後添えは自分の子どもしかかわいくないので、先妻の子どもたちを家から追い出している。僕が訪ねて行った時、「もしあの子たちをあなたが訪ねて行くなら、うちには入れない」と言うのだけど、そこの家を訪ねて行かないと、作品を見られない。そういうこともあった。

窪島　これは僕が一人で行ったのですが、原田新と久保克彦のことは印象に残っています。徳山のご遺族を訪ねますと、有名な造り酒屋なんです。原田新はそこのご子息で、彼は、同じ山口県で隣の光市に住んでいる久保克彦と無二の親友なんです。原田さんの遺族を訪ねていくと、自分の兄のことよりも久保さんのことばかり話す。僕がご遺族から原田新の絵を預かって新幹線に乗ろうと駅に立っていましたら、妹の千枝子さんが追っかけてきて、「久保さんの絵を一点持っているのです。これもお預けします」と言って渡されたのが、「自画像」なんです。僕は原田家のことだけではなく、久保さんのことまで、ずいぶん熱心な人だなとその時は思ったんですが、後で聞いてみたら、久保さんは戦地に発つ前夜、千枝子さんに「あなたが好きです、答えを聞かせてください」と告白している。ところが、彼女はま

原田新「妹・千枝子の像」

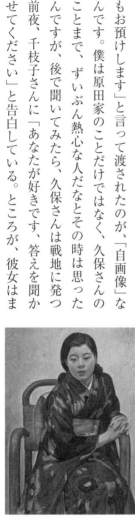

だ十八歳で、あまり突然のことでどう答えてよいかわからず、生半可な答えをしてしまった。そして、久保は、彼女の答えをちゃんと聞かないまま戦地に発ち、彼女の兄である原田新もろとも戦死してしまう。千枝子さんは、なんであのとき誠意をもってちゃんと答えられなかったかと、戦後ずっと自分を責めているんです。

野見山　ほー。

窪島　でも、おかしいのは、久保克彦に愛をつげられなかったと悔やんでいる千枝子さんの側《そば》には、現在の旦那さんがいるわけです。妻が涙ぐんで「克彦さんは……」と語っている隣で、その旦那さんが「ようこそいらしゃいました」とお茶をいれてくれる、そういう人生ドラマもありました。

久保克彦「自画像」

割り勘旅行から振り分けへ

窪島　先生との思い出の一つは、とにかくこの行脚は割り勘で行こうということになったことです。その頃、先生は大学を辞められて、名誉教授になっていらした。お金をどう

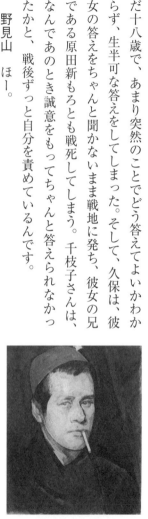

しようと相談したのですが、全部折半にしようということになりました。

野見山　そば屋に入ると割り勘で、という具合で。そうしないと昼を出してもらったら夜を出さないと悪いかなとか何とかで、ずっと対応するのは厄介だから、完璧に割り勘でいこうということになった。車のガソリンも半分ずつ持つとか、そういうことです。

窪島　ところが、全国を歩き始めて、思いがけず、だんだんと絵が集まってきた。その頃からですかね、先生も文章でお書きになっていますが、最初に先生が訪ねて行った時のご遺族の様子と、僕と行った時の風景とが、様変わりしていることがはっきりしてきた。つまり、お父さんお母さんは亡くなってしまってこの世にいないし、画学生の遺作をとりかこんでいる事情も以前とはずいぶん違ったものになっていたということです。先生はそれに少し失望したというか……。

野見山　いや、僕は窪島さんに気の毒だなと思ったんだ。というのは、二十年前に会った時は肉親が生きていたのです。肉親というのは、戦没者の兄弟とか親とか、一緒に育ったか育てた誰かがいたのですが、それがかなり減ってきた。また、その家を売って遠くに出て行った人がいたり、兄弟のだれかがそこに家を建て直して住んでいるが他の兄妹は違う家に住んでいるというように。それから街の様子もかなり変わっていた。僕が最初に訪ねて行ったのは当人が生まれた家で、そこに誰かが住んでいたために、その人の人生や作品が本当によくわかったのです。こういうところで生まれて、こういう周辺で育てば、こんな風景画を描くようになるだろうなという具合に。それから、妹さんが「兄はこうだ、こうだ」と話してくれるのを聞いて、ちょうど妹を描いた絵があると、なるほどこういう家に育ったからこういう絵を描けるのだというふうに、その人となりがよく理解できた。

しかし窪島さんとまわった時はかなり状況が違っていて、これは窪島さんには気の毒だなと思いました。

窪島　でも、それは僕が気の毒だというより、やはり先生が失望なさったんですよ。僕は絵を集めて展覧会をひらこうとか、美術館までいかないまでもどこかで展示しようとか考えて回っていたけど、先生は、僕が思うに、はじめの頃はおそらく訪問じたいが楽しみだったのではないかしら。二十年ぶりにまた訪ねて行って、あの人がいるこの人がいる、そして彼の絵があるということじたいが……。

野見山　うん、楽しみもあったけれど、あの辛さをもう一度、共有させられてくると、一軒一軒訪ねているうちに、なんとなく自分で次の場面が見えてきて、家が近づくにつれ、逃げ出したいような気分に追い込まれてゆくのです。僕が訪ねることによって、その家に、せっかく忘れていた悲しみを点火するような気になってきたんです。また、それとは違う状況としてＮＨＫで最初にまわった時は眷属《けんぞく》が出てきてよかったんだけど、二十年たった今度は、故人を知らないお嫁さんだとか、甥ごさんや姪ごさんが出てきて、非常にあっけらかんとした応対になった。しかも、こちらが報酬を求めないから、かえってその人たちが勘繰るところがあるんです。例えば、「作品をこちらから送るんですか」と聞かれても、「取りに伺います」と言うし、「修理もこちらでいたします」と、すべてが奉仕でしょう。そうすると何となく相手は怪しんでくる。世のなかにこういう美談があるわけがないんで、やったらやっただけの見返りを求めるのが今の世の中だから、「一切こちらでいたします」と言って、何も要求しないのは何か裏があるのではないかという不安が見える。また、絵を持っている人が、かならずしもその絵を愛していないというのが見えてくる。僕は戦没者の絵を集めるという目的なんだけど、そういう人たちとのやりとりに虚しくなっていったんです。

たぶん僕は最初に訪ねた時の、真摯な気持ちをなくしたのでしょう。それにいくらか年を取ったのかもしれない。今の若い人の気持ちが分からない……。

窪島　そういう先生のお気持ちの変化があった頃、だんだんお仕事が忙しくなってきて……。ちょうど練馬の美術館で先生の回顧展の大きいのがあって、準備もしなければならなかったし。先生が『祈りの画集』で訪ねたところを十軒ぐらい訪ね終わったとき、訪問の仕方を変えたんでしたね。

野見山　それで、これは僕が行って喜んでくれる家、これは僕が同行しないと説得しにくいかもしれない家、それから「待っています」という色よい返事が来ているから僕が行かなくてもいい家と、分けたのです。僕が行かなくてもいいという家は窪島さんが極力自分でまわることにした。それまでの、手紙を先に出しておいて、後から二人で出かけて行くという窪島さんのやり方は、なかなか周到だと思いましたよ。

野見山　それから、作品を「三年間貸してくれ」という方法をとりましたしね。

窪島　あれはなんで借りるという発想だったのだろう。たしかに貸してくれたのですよね。僕が最初から「美術館をつくる」とは言っていなかったからかな。

野見山　最初は、信濃デッサン館の壁に飾るということで……。

窪島　そうした中で、「あの人はウチにも来たよ、あなたのところはこれからかもしれない」なんてご遺族の間のやりとりもあったりして……。そういうことは作品集めにずいぶん手助けになりました。

野見山　そうなの、なかなかいい人たちですね。

窪島　例えば、千葉四郎さんの家に行くと、「同級生の何とかさんの家にも行きなさい」と教えてくれる。太田章さんの妹の和子さんを訪ねた時は、太田さんの先輩である毛利武彦さんとおつきあいがあって、毛利さんのご遺族から「窪島さんは高橋助幹のところに野見山さんと行ってくれた人です」という連絡が届いていた。つまり、やっていくほどにしだいにスムーズになっていって……。どなたかは忘れましたが、僕が一度行って、断わられてしょんぼり帰ってきたら、後からお手紙が来て、「先日誰それから聞きました。失礼しました」といってくれた遺族もありました。

野見山　ほう、そうか。話しているうちに、いろんな家のことを思い出したよ。

窪島　そのうちに、絵がだんだん集まってきて、僕は最初のうちは信濃デッサン館の延長線上の仕事だという感覚だったんですが、どんなにちっぽけでもいいから、これは別棟で公開すべきだという気持ちがあらためて起こってきて……。先生がいなくても僕が一人でまわれるところを一人でまわっていったんですが、それでも「どうぞ」と言ってくださる。そして、帰ってくると、どこそこから何点を預かりましたという形で、先生に戦果報告をするわけです。それが二十点、三十点と増えていくうちにぼんやりとかたちが見えてきたんですよ。

野見山　僕もそろそろ何かつくってもいいと思っていた。でも何も言わなかったのは、これだけのものをつくったら、とても僕の手には負えない、あとは窪島さんに任せようと思っていたからです。

お金集め

野見山　途中から美術館を建てようということにだんだんなっていった。

窪島　それで、とにかく先生は、金をどうするのかということをしきりとおっしゃっていました。作品を集める費用のことも、先生と一緒に行かないほうがお金がかからないのではないかという議論になったこともありましたね。僕一人だとトンボ返りも可能だし、ちょっとした手土産を持ってゆけばいいわけで、先生と一緒に行くよりは、案外割安に全国をまわれましたし。

野見山　美術館を建てるとして、「その金はどうするんだ」と言ったら、窪島さんは「皆さんからの寄付で建てる」と。そんな程度の話で、はっきり打ち合わせはないままに何となく美術館を建てるということになっていました。

窪島　僕もお金に関してはそれほどはっきりしたアテなどはなかった。

野見山　ある家で「美術館を建てる」と言ったら、「土地のあてはあるのですか」と聞かれたことがあった。「北海道に土地があるので、どうかと考えています」と窪島さんが答えたら、「それでは作品を手放したきり自分たちは見られないことになるから、そんな遠いところは嫌だ」と言われました。別の家の未亡人にも「なんでそんな遠い北海道に建てるのですか」、「お金はどうするのですか」と問われたこともある。それで窪島さんが「高利貸しに借りる」と言うと、向こうは顔色が変わって、こんな人を相手にしていたら今度は建てる費用を少し負担してくれないかとか何とか言ってくるのではないかと思ったのでしょう。「息子が帰ってきてから、話し合いますから」と。それから僕は外に出て、「なんで高利貸しから借りるのか」と聞いたら、「友達が高利貸しをやっているからだ、でも友達だから高利ではないのだ」と言うので、「そんなら高利貸しでなくて、友達から借りるということじゃないか」って言ったんです。まあ、途中で小さい喧嘩をよくしましたよ。

窪島　それで、このことが新聞に出たんですよね。

野見山　それが出たのは、ちょうど戦後五十年目だったからで、「朝日新聞」だった。「戦後五十年を振り返るにあたって、この二人の旅は貴重だ」といった記事だった。それで、僕らは文句を言ったんだよね。「戦後五十年の記念事業でやっているというなら、五十一年になったらやめるのか。そういうものではない。僕らは記念事業でやっているのではないのです」って、新聞社の人に二人で怒ったのです。怒ったのはいいけれど、作品を集めることについて、相手がなかなか信用してくれないのだから、新聞社にはなるだけ宣伝してもらったほうがいい。二人で頭をさげて、かなり書きました。

窪島　そしたら、上田の郵便局や銀行に少しずつ寄付金が入ってきたんですよ。亡くなった画学生のところに訪ねていくと、その場で封筒にお金を入れて、「これを何かに役立ててください」という方も中にはいらっしゃった。とはいえ十万、百万ぐらいの世界で、これでは何ともならない。ただ僕は、ずっとやり続ければ、金は降り積もるように集まって、やがていいところにいくのではないかという気がしていました。

野見山　寄付がうまく入って建てることができればいいけれど、中途半端になって建つだけのお金にならなかった、ではすまない。それでは戻すかということになって返すお金も今はないということになったら、「詐欺が横行しているから、こういう人が来たら気をつけろ」などと新聞に出るのではないかと、危惧をもったりしました。

窪島　それと、先生以外にも信濃デッサン館時代を通じてお付き合いしていた絵描きさんがずいぶん協力してくれたんです。とりわけ、創画会の日本画の人たち、小野具定さんとか、渡辺学さんとか、以前から僕が親しくさせていただいていた方たちです。自分の作品を売って足しにしてくれという人はずいぶんいました。僕は商売男ですから、これは時間さえあれば、何とか資金ができるなという感じは得たんです。ところが、最初に訪ねて行った人からみれば、すでに一年あるいは二年経っているわけですから、いつまでもそれをひきのばして、お金がたまるまで待っているわけにいかないのです。「まだですか」という問い合わせもありましたし。

野見山　展示すると約束していたわけだから……。

窪島　そんな時、もう一つ僕たちを勇気づけたのは、あの頃の上田の竹下市長の対応でした。僕がいつも犬を連れて散歩するあそこの山の頂き、無言館の現在地ですが、壊れた車や産業廃棄物が積み重なっていた。あそこをきれいに整理したら何とかなるのではないかと市長に相談したら、「そこを貸そう」ということになったんです。

野見山　あれは大きかったです。市長が市の土地を提供しようというのは、土地代が浮いたということだけではなかった。名もない二人が訪ねる時に、市のほうで土地を提供すると言うのは、これは公的なお墨付きになった。これで僕も、途中でぽしゃってもインチキとは言われないだろうな、という気持ちになれた……。

窪島　でも、先生、土地代は高いよ、あそこで五、六十万するんだもの。

野見山　ああそうなの。そういう苦労をぜんぶ、僕は押しつけてる。

窪島　市もいい商売ですよ、今まで産業廃棄物がほってあったところですからねぇ。でも、あの認可がおりなければできなかったことですから、市長にはやっぱり感謝しなければいけないんですが。

野見山　なにしろ、お上のお墨付きだもの。

窪島　市役所の関係では、野見山先生を引っぱりだして、「ネクタイしてトンボ返りでいいから、一度来てください」なんてお願いしたこともありましたね。市は文化功労者とかいった人たちに弱いから、野見山先生がやってきて、ぺこっと頭を下げただけでもうまくいったんです。

復員画家の想い

野見山　それと同時に、僕は十七会《となかい》といって昭和十七年の美校卒業生で、油画、日本画、彫刻も各科ぜんぶ一緒の同窓会を毎年やっていて、そこで僕は「実はこういうことをやっている。同級生の中で戦死した奴がなかなか見つからないので、協力して探してくれ」と言った。そうしたら幹事が立ち上がって、「君はなにか綺麗事を言っているけれど、売名行為ではないか。売名行為に俺たちは協力するつもりはない」と言われた。僕はその時にぞっとして、いつのまに僕の仲間の中で僕のやっていることが売名行為だと言われるようになったのかと思いました。これにはかなりショックを受けた。戦没者を多く出した仲間からの発言だから、きつかった。常日頃から僕は愚痴っぽいことばかり並べ立てる癖がある。いかんなぁ。

窪島　何だか先生の周りの人には冷たい人が多かったよね。

野見山　このことについては、初め冷たかった。お金も全然集まらないし。僕は美校に行って、「こういうことで協力してもらえないか」と頼んだら、「大賛成です」と同窓会から十万円くれた。これ同窓会としては多いのかな、少ないのかな。

窪島　僕の知人の絵描きさんの方が優しかったですよ。

野見山　それから、十七会の連中に「なんで僕たちがやっていることに協力をしないのだ?」としつっこく問いただしたら、どこかで誰かが言いだして、そのうち独り歩きして総意としてまとまったんだな。「窪島という男はインチキなんだ。金がない金がないと言っているけれど、実はあれの親父は水上勉で、そちらの方からお金が出てる。野見山の女房は有名なバーをやっているママで、あぶく銭が入ってくる。両方合わせて、とっくに美術館をつくるだけのお金はある。だから売名行為だと。この二人が慌ててやっているのは、来年芸大に美術館ができ上るが、そうしたら、当然、戦没画学生の絵を学校が収集するだろう。そうなるとおじゃんだから、その前に集めたいというのが彼らの腹なんだ。そんなことに協力することはない」と。

窪島　今の先生の話をお聞きすると、かならずしも周辺の人たちは最初から理解者ばかりだったわけではなく、かなり冷たかったということなんですね。ただ、僕は僕でこうも考えるところがあるんです。先生も生きて戦地から帰って来られた人ですが、仲間をずいぶん戦地で失った人たち、ずっと小骨がささったようにそのことを胸に抱いていた人たちにとってみれば、僕たちの〝美談〟は先生が今おっしゃったような形で否定するのが一番手っ取り早かったと思うんです。心の奥底で、ずっと気にかかっていたことをこいつらがやっているということへの、何と言ったらいいか、ある種嫉妬と言っていいか、羨望と言っていいか、少なからずそうした感情があったのではないかと思う。それが「無言館」という極めて具体的な建物としてこの世に誕生するということへのうろたえというか、抵抗感というか、俺たちの想いはもっと重くもっと深くあるもので、そんなもんじゃないのだという気持ちにつながったのではないかと思うわけです。否定論者の中にも、そういう人たちがいたのではないかと想像するんですよ。

野見山　そうかなあ、あるいはそうかもしれない……。

窪島　さらに言えば、そうした戦地からの生還者の心の中には死んだ仲間の美術館がすでにあったとも言えるんです。それが一種の抵抗感というか、それも深い意味での否定感覚につながったのではないかと思う。つまり、戦没画学生の遺作を展示する美術館を建設するという事業は、それほど大それたことだったんです。その心の奥の小骨は未解決のまま、みんな墓場まで持っていこうと思っていたわけですから。ただ、心の中では「あいついい才能を持っていたな、あいつのデッサンはよかったな」という、自分だけの「無言館」をみんなお持ちだったのではないか。本気で売名行為だと思っていた人もいたかもしれないけれど、多くはそうではないかと思うんです。

野見山　そういえば、同級生や上級生で、途中から申し出てきた人がいた。「僕も一緒にまわって、ぜひ話を聞きたい」と言うので、こういう人のところをまわっているのだと言うと、「俺は県知事を知っているから、そこに行って、全県的・全国的に手を打ったらどうか」とか、「俺は文部大臣を知っているからどうこう」とか、みんな話がおかしいのです。……いや、みんながみんなおかしい訳ではない。そのうちに、協力する気分が、全体に拡がってきたように思います。後で幹事も謝って、協力してくれました。僕は資金集めでムキになって、あの当座、相手の言葉を汲みあげる余裕がなかったのです。

窪島　僕も、知事を紹介してやるからどうのこうのとか、ずいぶんいろいろな人からご注進をいただいたのだけれど、個人的には牛の歩みのようにのそのそとやっていく手触り感というか、先生とここで待ち合わせましょうと切符を買って鈍行列車で行くような、一番面倒な方法でやっていくことのほうが、何となく体質に合っていたんですね。そういう遠回りが僕にとっては、一番美味しいところといえたかもしれない。工面した金で列車に乗り、安い宿屋に泊まって……。

野見山　手間はかかるけれど、もともとこれは一つずつ積みあげてゆく作業だからね。
窪島　一枚一枚遺族の許しを得て作品を持って帰ってくるという、遅々として進まないような方法でやることが、僕にとってとても大事だったんですよ。それを取られたら、意味がなくなる。
野見山　この人はあえて地の上を這ってゆきたがるところもある。
窪島　とりわけ面倒な形で、自分で切符を買って行くことが、自分にとっての充実だったというもう一つの理由は、画学生たちが生きていた時代のやり方でやりたいと思ったんですよ。例えば寄付を集めていると、誰かが「ネットでやったらどう?」って言うんです。しかし、僕は画学生たちの時代にもあった方法で、つまり封筒にのりをつけて切手をはってという方法でやりたかったのです。戦後に生まれた方法ではやりたくなかった。それはどこか暗黙とした規律としてありましたね。
野見山　僕は新しい方法を知らないから。知っていたらその方法でやるよ。
窪島　遅々として進まないこともあったが、それを承知で……。
野見山　それはわかっていたからね。西日本新聞の青木秀さんが、あの時は社長を辞めて会長になっていたけれど、彼が「各新聞社の社長、会長の会で話してみるよ。長野県だったら信濃毎日新聞の小坂さんがいるし、君もその時に来いよ」と言ったので、いささか肌に合わないと思い、それで「ちょっと待ってくれよ」と言ったわけ。それから九州トヨタの社長さんが、「私はだいたい戦没学生とか何とか過去に遡って金を出すことは嫌いだ。野見山さんがやっていることは最初から好かんと思っていたけれど、新聞を読んだら何となく気持ちが変わった。あんた個人にということで出す」と言ってくれて、それがかなりの額だったので、やはりお断りした。この話は窪島さんにも話したと思うよ。

窪島　聞きました。僕も財団や会社からの大きな寄付はいけないと思った。

野見山　そしたら、彼個人として十万かなんか出してくれた。これは有難いのです。大口は断り断りやってきました。芸大にいるとき、こういうことがあったのです。創立以来の美術学校の校舎を新しく建て直すことになり、その玄関だけをどこかに移して保存しようという話が出た。当時それに八百万円かかるということだった。それで、関係者にお金を出してもらおうと呼びかけた。そしたら、梅原さんが「五百万出す」と言う。林武を訪ねたら、「梅原さんはいくら出す」と聞き、そんなら「俺も五百万出す」と言うのだよ。僕は、もともとただ保存するというのは意味がないと思ってもいたので、それと併せて意見をのべたら、教授会で「大家だけで済む話はやめよう」ということになった。一人一人の卒業生がお金を出すということに、みんなで保存したという思いが残るのです。

無言館の着工まで

窪島　さて、そこからが問題でしたね。集まった金が二千万ちょっとだったんですが、帯に短しというか、まるっきり短い。今から三十何年前につくったデッサン館でさえ三千万円かかったわけで。それから物価も上がっているし、とてもこんなお金では間に合わない。僕が何となくイメージして、こんな建物をつくりたいといった設計でも、最低限一億円近くかかると言われたし……。

野見山　それに、集まった作品にふさわしい建物の広さも必要だった。

窪島　そうした時に、地元の八十二銀行に行ったのです。「戦地で志半ばで亡くなった画学生の魂が眠る『無言館』の建設を企画しております。ぜひ関係各位のご協力をお願いいたします」といった企画書を書いて。ヨコの文章はタテの文章とは違うので、十日ぐらいかかって夜も寝ないで書きました。それに図面もつけて八十二銀行に持っていった。今でも思い出しますが、八十二銀行の偉い人にそれを渡したら、「わかりました。先生はよくこういうことを思いつかれますね」なんて言って、その書類を机の一番下の引き出しに入れたんです。それから、待てど暮らせど、貸すとも貸さないとも知らせが来ない。それでまた行ったら、「いや、検討したのですが、今回はちょっと……」と言って、最初にしまったところの引き出しから出して返してよこした。

野見山　ははは（笑）。

窪島　僕は水商売で金を借りていたから、こうしたことには百戦錬磨、これは窓口でお払い箱だったんだなとわかるわけです。その時に、Yさんという、上田市松尾町の支店長、その前は東京青山の支店長をやり、当時は支店長よりもっと偉くなっていたんですが、この人がちょうど地元の銀行に帰ってきていて、朝のミーティングで訓示をしていたそうなんです。この方は村山槐多が大好きで、ベートーベンも好きでレコードの収集家としても有名な人でした。Yさんは常日頃から、「君たち、パソコンばかりみつめていて、信濃デッサン館の村山槐多、関根正二、野田英夫、松本竣介、こんな宝石のような作品が並んでいる美術館に一度も顔をださないのでは、銀行員の資格がない」と話していた。それで、僕は企画書をつき返されて、あんまり頭にきたものだから、すぐそのYさんに電話をしたんです。「Yさん、お金を借りたくて言っているのではないのです。村山槐多を一点売ればこんな金くらいできるのだが、そういう問題じゃない。あんなに苦労して書いた企画書に一度も目も通さずに私に返したことが許せない。こんなところに文化なんて育つわけありませんよ」。そうしたら、Yさんが、「ちょっと待ってください」と言って、車を飛ばしてデッサン館に来てくれて、ちゃんと正座して、「企画書をもう一晩読ませてください」と言って持ち帰ってくれたんです。その頃八十二銀行の頭取に、後に田中康夫さんを県知事にかつぎだしたTさんという有名な人がいたのですが、Yさんとは肝胆あい照らす仲だったそうで、翌日、Tさんから直接電話がかかってきました。何とTさんは「これは踏み倒されても誇りになる融資です」なんておっしゃって、「お出ししましょう」ということになったんです。聞かせたいよ、今の銀行員さんに……。

野見山　えらい人だね。

窪島　ただこれには伏線があるのです。全国から寄付金が届く「無言館建設の会」という口座を八十二銀行につくっていたんです。そこにパラパラ、パラパラ、帯広から一万円、福岡から十万円という具合に入ってきているわけです。それを銀行はちゃんと把握していたような気がします。決してセイフティーネットがなかったわけではない。しかし、あの段階で銀行が決意してくれたことには今でも本当に感謝しています。

野見山　そんなことがあったのか。

窪島　ということで、あの当時で四千五百万円を借りました。それまでにも僕は八十二銀行から借りていましたから、銀行が逡巡するのもわかります。啼かず飛ばずの信濃デッサン館で、不良債権すれすれで、年末になったら絵を売って苦労して経営している美術館だということぐらいは、向こうもプロだからわかる。それがさらに融資を申し入れたわけですから。銀行の人の質問がいい、「この戦没画学生の中に有名な人はいますか」と聞くんですよ。僕は「有名な人なんているわけないでしょう、戦争で死んじゃった画家の卵なんだから」と言ったら、「そうですよね」って(笑)。亡くなった人の中に東山魁夷さんみたいな人でもいればよかったんだろうけれども……。だから却下した理屈はわかるのです。それでも動いてくれたのがYさんやTさんでした。

野見山　八十二銀行というのは、全国で八十二番目にできた銀行ということだよね、銀行ってずいぶんあるんだ。

窪島　第百銀行というのもありますよ。

野見山　ああそう。

窪島　とにかく、それでお金が出た。あれで、いけるという感じがしました。それを今もずっとひきずって、十三年間、月々何十万円も返しつづけているわけですが……。

着工まで

野見山　それにしても、今考えると、よくできたもんだよね。僕は何だって成就したことがないので、ただあてどなく窪島さんにくっついていた。

窪島　信濃デッサン館のときもそうだったんですが、まず僕がシロウト考えで思いうかべていた設計プランをプロの人に正式な図面にしてもらって、何回も手直しを重ねて、ようやく着工したのが一九九六年の秋頃でした。

野見山　あの、設計はいいね、いい空間だ。上から見るとまるで十字架みたいになっているが……。

窪島　ええ、でも、あの十字架は別に意識したわけじゃなくて、あとから人に言われて気づいたことでした。そういえば、十字架になっているな、って。結局何かが生まれるというのは、ああいうことではないでしょうかね。色々作為的に考えてつくってゆくのも方法でしょうけれど、ただ無心に、夢をえがいていたモノを形にしてゆく、その結果が一つの建築物になってゆく、というのが理想のような気がします。

野見山　しかし、工事中はちっとも僕のほうには報告してこなかったねぇ。僕は、金がなくなって途中で放り出しちゃったんじゃないかって心配してた。

窪島　そんなに簡単にあきらめませんよ。先生に心配をかけてはいけないから、それでなくても詐欺集団と思われるのではないかと心配していた人ですからねぇ。半年か一年近く音信不通になって、九分九厘できたところで、「できました。来てください」とお知らせしたんです。

野見山　あれは、柱ができてそれなりに立体を暗示した時だったんだ。平面に図面をひいた時はまだ形はないのだが、柱ができると具体的な形としての空間が、わあっと拡がってきた。「ほおー」と思いましたよ。

窪島　僕に向かって、「本当にできたんだ」なんて言うのだもの。僕は「本当にできたなんて。本当につくると言っていたでしょう」と言ったのだけど、「それにしても、できたか」って……。

野見山　まだ柱だけだったが、本当に呆然としたよ。もう目の前にでき上がった建物が浮かんだ。それはよいが、僕は実のところ、作品がそんなに集まりはしないと危ぶんでいたからね。

第五章　無言館とは何か

遺族の日高稔典さんを訪ねた窪島館主

「無言館」という命名

野見山　ところで「無言館」という名前はどのようにして決まったんだろうか？

窪島　よく聞かれるんですがね。しかし「なんで無言館ですか」と言われても、「無言館です」としか答えようがない。

野見山　ずっと考えてみてそうなった？

窪島　いや、不思議なのは、作品がかなり集まった段階で「無言館」という名前がごく自然に浮かんできたのです。「さて、美術館の名はどうするか」と腕を組んで考えたわけではないのです。ご遺族を訪ねはじめてしばらくした時に、「美術館ができたら、僕、『無言館』という名前にしたいんです」と先生に言ったんじゃなかったかな？

野見山　そうだったかな。

窪島　僕は「信濃デッサン館」という名前を決めた時もそうだったけど、無言館の時も構えて考えたということはないのです。ただ、後から分析するに、「それでも理由があるだろう」と問われれば、こういうことです。僕には戦争体験がないし、野見山さんのように戦没画学生と共有する時間も持っていない。生い立ちのところで述べたように、自分はいろいろなところで傍観者だったけれど、彼らの絵の前でも傍観者の一人でしかない。素直に黙るしかない、何も言葉が持てない――名前はそちら側から来ました。ですから、後で多くの人が言うような「そうですね、無言館が似合いますね。彼らの絵は何も語らない、無言ですものね」という理由からではなかったんです。自分が彼らの絵の前に立った時には、ただ頭をたれて絵を見ているしかない。しかし、このこみあげてくるものは何だろう、それが「無言館」だったんですね。

野見山　産み落とされたんだね。

窪島　そうなんです。「無言館」という名は「つけた名前」ではない、「産み落とされた」ものなんです。

野見山　僕は「無言館」という名前をつけたのは大変な功績だったと思う。違う名前だったら、来館する人にこれほど強い印象を与えなかったのではないかな……。

窪島　ある俳句の高名な先生が、「僕の主宰している句誌に投稿されてくる俳句に『無言館』がないときはないですよ」、「無言館は精神的な季語だ、それだけの資格がある」とおっしゃって下さいました。つまり、「無言館」と言えば、それに「戦没」だとか「画学生」をくっつけなくてもわかるということです。これは、「無言館」という館名の功名なのかどうかわからないけれど、無言館ができた後にいらっしゃった方の姿を見ると、わかるんです。前の晩、別所温泉の風呂につかって、したたか酒を飲んで高歌放吟していた人たちでも、無言館に一歩入ると、最初はしゃべっているのですが、数刻おいて、水を打ったように静まりかえるんです。まさに「無言館」です。やはり「黙るしかない」という、僕と同じような気持ちになるのでしょうね。

野見山　うん、僕らが訪ねた家々で、遺作を目の前に置かれたとき、良しあしは別として、ただ声が出なかったものね。

窪島　それと、僕が今思うことは、そういう形で産み落とされる仕事が、最近はものすごく少なくなったということ。今の時代は、これをやったら受けるだろう、これよりはこっちの方が面白いだろうということばかりです。生まれる子どもはどんな名になるかわからないわけでしょう。子が生まれるということがすべてであって、それが太郎と名前をつけられようと花子とつけられようと、「生まれる」ということがあってのことなのだけど、今の若い絵描きさんの絵を見ていると、生まれる前から、名付けに知恵をしぼっているようなところがある。絵を描く必然がないんだな。よく若い人から「どう描くか」「何を描くか」の質問は出るけれど、「なぜ絵を描かなければならないのか」といった問いに答えられる人が、ほとんどいない。もっと言えば、「最初は公務員を志していたのですけれど、画家になる方が面白いと思いまして」とか、そういう人が最近はずいぶん多い。「無言館」という名前は窪島がつけた名であるけれど、画学生たちの絵が産み落としたものではないか、そこにたまたま僕が立ち会って、名がつけられたということなのではないかと思っているんです。

デッサン館と無言館

野見山　もう一つ確かめたいのは、当時窪島さんは、デッサン館をやっていて、そういう美術館の方向で仕事をやろうとしていたわけでしょう。『祈りの画集』を見て、遺作の展示をやらなければいけないと思ったのはそのとおりだろうけど、無言館はデッサン館のような美術館とは距離があるとは思わなかったの？

窪島　僕は全然、差は感じなかった。だって、靉光だって戦没画学生の一人だし、山崎省三だって戦没した画家だし、戦争で死んだ絵描きの作品は、すでに僕の美術館にいくつもあったわけですから。

野見山　夭折の画家によほど引かれるものがあるのかな。

窪島　僕は最初から「無言館」の絵が、そんなにデッサン館と離れているとは思っていなかった。たまたま「信濃デッサン館」の分館として「無言館」を建てたら、それだけが脚光を浴びて、デッサン館が置き去りにされるなんて、想像だにしていなかったです。

野見山　そうだったよね。最初は、デッサン館にあった作品をつめて……。

窪島　そうそう、最初はデッサン館の奥の方に戦没画学生たちの絵を飾りたいと先生に言っていたくらいですから……。それは覚えています。ところが絵が予想外に集まり始めたのと、集まってみたら、絵の質が違うなということに気づいたわけです。これはやはり一つ屋根の下に一堂に会すべきではないかという気持ちが、だんだん募ってきたんです。先生がおっしゃるように、最初から二、三点しか集まらなかったら、「無言館」などつくらず、デッサン館の片隅に戦没者のコーナーをつくったくらいだったでしょう。

野見山　そして、「そうなったらみすぼらしいものだよ」と僕は言ったのです。

窪島　そうそう。

野見山　数点の遺作が集まって、壁にかけても、つまらない中途半端なものになるのではないか。つまり、学業を半ばにして逝ったという、ただそれだけの美談で支えられている作品でしかないと思いました。

窪島　そうですね、たしかにその通りだと思います。今まで僕が集めていた絵とは、そこだけが違うのです。確かに未熟だし、未完成だし、デッサンも狂っていたり、どこがいいのかなというものがある。ただ、先生がおっしゃった、「絵が描けて嬉しい、描きたい」という声だけは伝わってくる。それは凄まじいものでした。持って帰って、部屋に立てかけて置いておくと、ある種のオーケストラというかコーラスというか……、あの声が「無言館」をつくりたいという気持ちにさせたんだと思います。

野見山　ま、声は伝わってくるにしても、何とも下手だな、つまらない絵を描いているなと思っていました。上級生であの頃はとても上手いと思っていた人が、こんな絵を描いていたのかと思った。そうしたら、一緒に回ったカメラマンが「先生、こんな絵、いいのですか？」と言う。僕も返事に困ったのだけれども。初めて目の前におかれた時、何となく薄汚いような絵が、歳月が経ってくると、「この絵はいったい何？」という思いがじわっと出てきました。

窪島　つまり、先生が牡丹江で氷の下のミカンの皮のオレンジ色を見たように、まさしく彼らの絵はミカンの皮なんです。絵というのはこういうものだと思わせるものがある。最近はいかに、奇をてらって描いた絵、見てくださいという絵ばかりに慣れてきてしまっていることにも気づかされる。彼らの絵を見ていると、絵とはこういうものだよなという、カッコよく言うと「原初の魂」みたいなものが呼び起こされる。そこには、絵の良さというよりも、ものを描くことはこういうことなのだ、という核心のようなものがあるんです。

野見山　そういうことなんだな。

窪島　僕も、最初はずいぶん多くの絵描きに言われたものですよ。「関根正二や槐多や松本竣介の絵を並べているからあなたのコレクションを尊敬していたけれども、戦死しているからといってその人たちの絵を集めるだなんて、それはないだろう」と言う人もいました。ところがその絵描きさんが開館五年目くらいにやって来て、僕がデッサン館の喫茶店でぼおっとしていたら、「いやあ、あの美術館はいいよ」って言うんです。「ああいうものがないんだよ、今の俺には」と言って帰ってゆきました。

野見山　僕が弘前の酒屋の廊下に夢想していた空間は、なんとなく、暗いなかで奥の方から灯火が近づいてくるような、仄《ほの》かな明るさだけど魂を揺さぶるような感じです。世の中には、いい絵の美術館はあるけれども、見ているうちに、知らずに絵と交感していると いう無名の美術館が、どうして今までなかったのだろうという気がしていました。

窪島　とりわけ最近、美術学校に講師などで行っても、オイルの匂いと絵の具を絞って油絵を描いているような「絵を描く原初の姿」に触れることなど、ほとんどなくなりましたからね。そんなものを美校も教えようとしていないし、学ぼうともしていない。先生は大御所だから、そんなバカな質問は受けないでしょうけれど、僕などには、「何を描いたら売れますか」なんて平気できくんです。口角泡を飛ばして「絵を描くことは魂だ」と伝えている僕に向かってですよ、これは一体何なんだろうと考えこんでしまいます。そういう時は「無言館に来い」って言うだけです。そういう意味では、デッサン館と無言館の魂は全然変わっていないと思っているんです。僕は現在、二つの美術館の乖離に苦しんではいるけれども、その根本的な点は変わっていないと思っている。

野見山　僕は「いい美術館ですか」と聞かれると、「自分で行って、自分の目で見ればいい」と言う。いい美術館とは言わない。

窪島　美術館かどうかだってわからないですからね。

野見山　いわゆる偉い人の絵とか、いい絵を飾っているわけではないのだから。

窪島　その点にかぎって言えば、デッサン館のコレクションとの作品の質の乖離がうまく説明がつく時もあれば、つかない時もあります。でも、僕は説明がつくものだと思っているんです。もっともそれは、つくった当の人間がここにこうやって生きているから説明がつくわけで、それがいなくなったら、どうなるのかなと思うことはありますが。

遺作と遺品

野見山　無言館はこれまでの美術館とは違う。でも平和博物館でもない。無言館は「無言館」なんだよ。並んでいる絵の方から問いかけてはこない。見る側は、だから沈然とただ向かい合うことになる。そこで対話が成立しなかったら、それはそれで仕方がない。

窪島　野見山先生も肯かれると思うんですが、僕たちには画学生に対して「かわいそう」だとか「犠牲者」だという観念はまったくなかった。「絵を描く」とはどういうことなのかを伝えておかなければいけないと思ったから、「無言館」をつくった。ところが、「無言館」の世間への迎えられ方と、我々が抱いていた想いとには微妙な乖離があることに気づかされる。あの戦争の時代に、こんなふうに絵を描いていた奴がいたんだという事実、簡単に言えば、明日の命もわからない時に、絵が好きで、のほほんと能天気に絵を描いていた若者たちがいた。しかも一家には必ず、彼らに期待し、非国民とか言われながら画学生たちをかばっていた家族がいた。僕たちが伝えたかったのは、そうした人々の存在であって、「かわいそうに、こんなに夢をもっていたのに戦死しちゃって」というのが第一義ではなかった。もちろん、どこかに「悲運な時代に生まれた人たちだったな」というのはありましたが。そこのところは先生はどう思われますか？

野見山　つまり僕らの時代は、どんどん戦争に向かっていっている時でしょう。当時の日本にとって、絵とかアートとかは余計なものだった。それまでの絵描きがやっていたのは、俳諧師が村々をまわって、志ある皆さんを集めて短冊を書いて金一封をもらっていた、それと同じだった。村々を持ってまわって、これを買ってくださいと和尚さんや庄屋さんのところに行くというのが、日本の絵師の渡世だったのです。そういう時代の一番最後の方になるのかもしれないけれど、今の画学生のように「これが当たらなければこれをやります」という形で絵描きになる者は一人もいなかった。食えないというのは承知の上なのです。食えるとか食えないとかでやっているのではない。今、芸大の油画科を受ける人は毎年二千何百人といるけれど、僕らの時は二百人ぐらいしか受験生がいなかった。今は二十倍以上の難関だから、みんな秀才かというとそうでもない。当時は、様々な条件を乗り越え、あらゆる篩《ふるい》にかけられて、最後に残った二百人程度しか受験してこなかった。その受験した奴は何が何でも絵を描きたいという気持ちだったんだ、そうした若者が、戦死したわけです。この人たちは「描きたかっただろうな」、そういうことだったんです。

窪島　今の絵描きたちが失っているもの、「描きたかったから描いていた」んだというところを、僕たちは一番伝えたかった。今キミたちは美術学校で当たり前のように絵を描いているけれど、かつての彼等は本当に描かずにはいられなかったのだよ、と。だから挨拶文などには、空念仏のように「あの戦争下にひたむきに絵を描くことを愛した、絵を描くことだけに集中していた彼等の情熱、意思をもう一度見てください」と僕は書いています。もちろん、そこには「絵筆を銃に代えなければならなかった、彼等が生きた戦争という時代を考える」ということも入っていますけれども、僕がそれ以前に伝えたかった基本線はそのことなんです。

野見山　うん。

窪島　先生には話さなかったけれど、実は、最初は彼らの名前も伏せようかと思っていたんです。軍事郵便とかそういうものも並べる気はなくて、絵だけをズラッと、暗黒の闇の中に並べるのも面白いな……面白いという言葉は不謹慎かもしれないけれど……それでもいいかなと思っていたんです。あの未熟な絵がズラッと並ぶだけでもいいと思っていた。ところが、「この写真も持って行って下さい。この遺品も持って行って下さい」といった具合に、預かってくるものが絵の何倍にもなってしまった。中には日の丸の寄せ書きみたいなものまで持たされて、抱えて帰ってきたこともありました。「天皇陛下からもらったタバコを飾ってもらえますか」、「美校からもらった表彰状があるけれど」とか言う人もいたし。それを無視するわけにはいかなかった。もう一つは、何といっても全員が無名ですから、彼等の絵を説明し、彼等の出自を説明するとなれば、やはり「何年に生まれて、何年にどこの戦地で死んだ」ということぐらいは伝えなければならない。それがケースに展示されている遺影や書簡といった資料になっていった。最初は何もない、極端に言ったら、名無しの権兵衛の美術館でいいと思っていたんですが。

野見山　それで行こうと言っていたんだ。僕も最初、弘前の酒蔵の所有者には、ただ作品を並べてもらうだけで、名前はいらないと思っていたのです。絵だけを並べて、見る人と絵との対話だけにすればいいと思っていました。だから、できた時には余計な資料で絵を見せてはいけないというのが二人の気持ちだったのです。

窪島　そこを僕が裏切った。

野見山　無言館に来た人が、しょっちゅう「この人はどういう人ですか」と担当者に質問するものだから、いちいち説明するのは面倒だから、やむなく書かせてくれということだったと思うけれど……。

窪島　そうですね。たしかにそれはありましたが……。

野見山　だけど、今行ってみると、また違う意味で、俺の若い時代はこんな文字を書いていた、親に対してはこうだった、友達に対してはこうだったのかなど、あの頃の人間のやりとりの緊密さは、別の意味で新鮮です、最初は何とも思わなかったけれども……。

無言館の人と作品から

窪島　今、無言館には、被爆で亡くなった画学生が二人いるんですが、一人は手島守之輔で、彼は広島で三十一歳で被爆して亡くなっている。もう一人は、伊藤守正。先生は妹の陽子さんを訪ねていますよね。

野見山　伊藤さんのところには、妹さんとお父さんがいたな。

窪島　伊藤守正も長崎で被爆して亡くなっているんです。

野見山　亡くなったのは、被爆だったのですか。

窪島　そうです。今年（二〇一〇年）、長崎と広島で二人の展覧会を企画しているんですが、長崎は浦上天主堂、広島は旧日銀跡のギャラリーを会場にしようと考えています。無料で、無言館主催ということも表には出さず、静かに絵を見てもらうという形でね。

野見山　それはいい。

窪島　手島さんのところには、たしか先生と二人で行きましたね。広島の竹原でした。先生はそのとき手島の絵はなかなかいいよっておっしゃっていました。今、無言館には「吉名岬風景」が飾ってあるけれど、マチエルが少し藤田嗣治的ですね。椎野修もそうだけど、あの頃、藤田の影響を受けたものがかなりありましたね。

手島守之輔「吉名岬風景」

野見山　そうだね、「吉名岬風景」はなかなかいい絵だと思う。ところで、『祈りの画集』

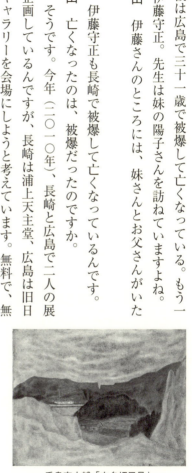

で手島の「自画像」となっている絵は、実は手島が描いたのではないんだ。当時、手島の家にあったから、「自画像」ということで掲載されてしまった。本人が生きていれば、違うということはすぐにわかったんだけどね。

窪島　後年、有名になった荻太郎さんが描いたそうですね。

野見山　そう、荻太郎の同級生。

窪島　そういえば、興梠武という画学生は戦時中、部隊は違ったらしいですが、香月泰男さんと同じところにいたらしいんです。香月さんが軍隊に入ってから、「どこかに絵の具やキャンバスはないか」って言ったら、「興梠武軍曹というのが持っている」と聞いて、自分の配下か同僚を興梠さんのところに行かせて、絵の具やキャンバスをもらってきて、軍隊で描いていたそうです。香月さんの評伝にそう書いてありました。

野見山　そうなの。

窪島　興梠さんはルソン島で亡くなって、香月さんは引き揚げてきて、画壇でもあんなに偉くなってしまった。まったく「紙一重だな」っていう感じです。

興梠武「編みものする婦人」

野見山　興梠さんは大きな男だったが、兄さんの話では、「弟は、小さい女の子が殴りかかっても何もしない、とてもやさしい子でした。それがなんで戦争に行かねばならなかったんだろう」と言っていたのが忘れられないね。

窪島　興梠さんの「編みものする婦人」は、お訪ねした時は絵の具がひどくはがれていて、カンバスを立てると全部はがれてしまう、ジグゾーパズルのようだったんです。そおっと車の後ろに置いて、高速道路を時速七〇キロぐらいでソロソロと運転して、十七時間もかけて持ってきたんですよ。

野見山　油絵具は乾燥するとバリバリはがれてしまうから……。

窪島　でも、先生、この周辺のはがれたところが、えもいわれぬトリミングになりましてね。焼き物で言えば、「時代がかっている」というのでしょうか、一種の「剥落美」です。大貝彌太郎の少年飛行兵を描いた「飛行兵立像」という作品もそうですね。あの絵はうちの美術館で一番人気があって、無言館に入ってすぐ後方の正面にある絵です。厳密に言うと、大貝はすでに美校を卒業して教師になっていたので、画学生ではないんですが、先生は、どう

大貝彌太郎「飛行兵立像」

やってあの絵を見つけられたんでしたっけ。

野見山　大貝さんは同じ中学の先輩で、中学で唯一、僕の前に東京美術学校に入った人なんだ。そして、僕の姉が大貝の妹さんと仲がよかった。その妹さんから大貝さんの遺作展の案内をいただいて、その会場で、僕はこの絵がほしいと思ったんだ。少年飛行兵が飛び立つ前の姿を描いたものだけど、顔の絵の具がボロボロとはがれていて、残骸のようにキャンバスに残っていたのが、ぞっとするくらい心情を伝えている。戦没画学生ではなかったけれど、はからずも時代というものがよく出ていると思ったから、もらえないかと交渉したんだ。

窪島　なるほど、横にいくつも亀裂線が入っているところが、いい感じですね。この絵を無言館に入れるにあたっては、少し逡巡したんです、画学生ではないということで。だけど、あまりに絵があの時代を象徴しているようだったから入れた。

野見山　そういう点で言えば、日高安典さんの「裸婦」も修復前はよかったんだ。

窪島　そうですね。無言館では、修復には細心の注意を払っています。ピカピカの新品同様には絶対にさ

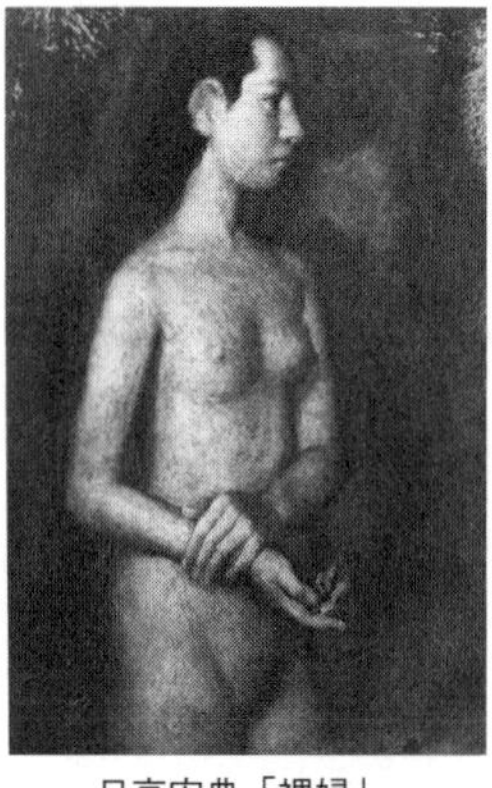

日高安典「裸婦」

せない。戦後何十年か経った時代経過が明瞭にうかがえる、それ以上劣化が進まないようにという点だけを重視した手当てをしてもらっているんです。ところが、我々が行く前に、ご遺族や関係者はいわゆる町の絵の具屋さんに修復を頼んじゃったりするんで……。

野見山　やっぱりね、「きれいになった」とか「新築した」ということは、大威張りなんだよな。

窪島　そうそう。

野見山　久保克彦の絵は、美校の時、図案科の卒業制作で席次が一番だったので、よく覚えている。油画科の学生が描かない、思い切った仕事をやれるなと思って、羨ましかった。これは大きな絵だけど、紙に描いてあるのが無惨なほど破けていて、絵の具もところどころ落ちたり、憐れです。戦争中にみんな思うように材料が揃わない中で、いろんな工面をしながら描いたから、長い歳月には耐えられなかったのです。

窪島　さきほど先生が入営前夜の挨拶で、ドイツの詩人の言葉が口をついて出てきたという話をされましたが、この作品にも、その「やむにやまれぬ」というものがありますね、それはすごいことです。この絵は、今は芸大でしたね？

野見山　この絵は芸大にある。一番の作品は芸大が買い上げるから。

窪島　皮肉なことに久保は東京美術学校に入るのに一年浪人している。遅れて入ったんで、形では親友だった原田新の後輩なんです。ところが、原田家では全員、久保克彦さんの絵の方が上だと言っているのがおかしいんですよね。二人はあの頃、男同士で、ベートーベンやチャイコフスキーのコンチェルトを黙って聴いていたという独特のつきあいをしていたそうです。二階でほとんど物音をたてずレコードを聴いていたなどという、そんな男同士のつきあいなんて、今、ないですよね。

野見山　僕は、久保が反戦的で、特高から睨まれていたということを同級生から聞いていた。それで、そのことをお姉さんに聞いたら、とても怒って、「そんな日本人じゃないようなことを弟はしません」って言っていた。

窪島　前田美千雄の場合もそうなんですが、再婚している旦那さんの理解がないと、絵がなくなってしまう例が多いんです。ずっと置いておくわけにいかないですからね。前にも言ったけど、原田千枝子さんなんかは「久保さんのプロポーズに応えられなくて申し訳なかった」なんて言って泣きじゃくっているんですよ。しかし、その千枝子さんといっしょに久保克彦の絵を大事にしていたのは今の旦那さんでした。

野見山　僕は行かなかったけれど、カメラマンの小野さん

前田美千雄「風景四月四日」

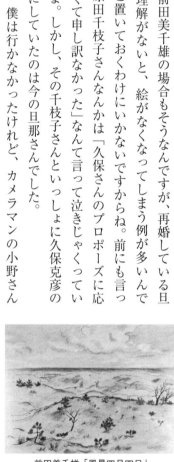

が、宗左近さんに同行した家では、戦死した夫の絵を持って後妻に行った奥さんの話が出ていましたね、誰だったかな？

窪島　市瀬文夫です。彼の絵もいいですよ。

野見山　そこでは、御主人が一緒になって絵を保存するのを手伝っていたんだって？

窪島　「妻の像」や「温室の前」ですね、市瀬は力量のある絵を描いています。おっしゃるように、それらは再婚した御主人が大変積極的に協力して保存してこられたものです。無言館の一番いい場所にどんと展示してありますが……。

野見山　力のある絵描きだった。

窪島　僕は、山之井龍朗さん、俊朗さん、という兄弟で亡くなった画学生が印象にあります。一番下の弟さんの芳朗さんはついこの間亡くなりましたが。彼はサラリーマンだったんですが、上二人の兄が戦地で亡くなったこともあって、サラリーマンから転向して白亜美術協会に入り、晩年は絵描きになった。それと、先生は、片岡進の自刻像も気に入っている作品の一つですよね、僕も気に入っているんです。僕は生前、猪熊弦一郎さんには大変かわいがってて

市瀬文夫「妻の像」

もらっていたので、よく田園調布のお宅に訪ねたことがあります。たしか片岡進のお姉さんが猪熊さんの奥さんだったと思うんですが……。

野見山　そうそう、片岡進のお姉さんが猪熊弦一郎の奥さん。片岡は、僕と同級生です。

窪島　かっこよかったんでしょう……。

野見山　なかなかいい男で、姉さんもいい女だった。片岡は、猪熊さんがフランスから帰ってきたときもらった青いマフラーをきゅっとしめていた。猪熊さんは、僕らが外国に行けない時にフランスに行って帰ってきたからね。片岡はモデルにもてて、学食ではモデルに囲まれて飯を食っていたよ。羨ましいなと思った。あの頃、美校には、女の人といえば、モデルしかいなかったから。

窪島　その作品「自刻像」は石膏で、ちょっと移動しただけでもボロボロ落ちてくるので、保存には非常に苦労している。でも、ブロンズでもなく木彫でもなく、石膏というのが、不思議な存在感を醸し出している。

野見山　これを見せられたときはゾッとしたよ。日が暮れて、夜になっていた。編集の人は「俺は行かないよ」と言ってすぐ近くのコミちゃんとこで飲んでいた。それでカメラ

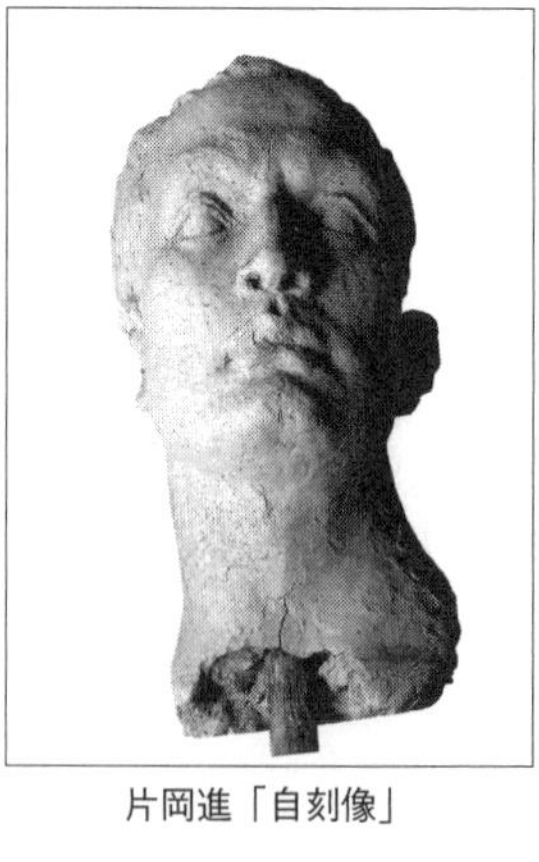

片岡進「自刻像」

マンの小野さんと二人で行ったんだ。猪熊さん夫妻と奥さんの兄さんの三人がいた。
窪島　猪熊さんも、片岡さんが亡くなってがっかりしていたでしょう。
野見山　うん、実の弟のように愛していた。
窪島　学生時代から新制作に出品していたと聞いていますが、お姉さんとの関係があったから新制作に行ったんですよね。
野見山　猪熊さんが言うには、出征の前の晩、一晩中、二階のアトリエでカタカタ音がしていた。「早く寝ろ」と言ったそうだけど、この像を作っていたらしい。
窪島　この作品を作った後、自分の他の作品は自ら全部壊して、現在、片岡進の作品はこれ以外何も残っていないんですよ。死を意識していたんですね。
野見山　朝、これだけをと言って持って出てきたそうだ。
窪島　そして、彫刻刀や道具も小分けして、友達に全部あげてしまったそうです。
野見山　バスタオルに包んであったのを広げて、作品をみんなでのぞいたときは、何とも言えなかった。「あぁ」と思いました。絵は平面だけど、これは立体だからね、ゴロっと置かれていると、怖かったです。生首が置かれているような気がした……。
窪島　やっぱり、これはお金をかけてでも修復しないと駄目だな……。
野見山　以前、なんかのことで猪熊さんを訪ねたら、「野見山さん、よく来てくれた」って言うんだ。何かと思ったら、その日が片岡の命日だった。僕は同級生だったからね、猪熊さんは「偶然だな」と感激してくれた。僕はあまり親しくなかったが、彼は家族にとって貴重な存在だった。

窪島　そういえば、僕が先生と離れて一人で歩いたところは、日本画の人たちが多いですね。今、気づいたことだけど。

野見山　僕は、日本画の学生のところはあまり歩いていないんだな。

窪島　太田章さん。先生も行かれた牡丹江で亡くなっている。

野見山　太田章も東寧に来たんです。

窪島　毎年、欠かさず無言忌に来てくださっていた妹の太田和子さんは、ついこのあいだお亡くなりになりました。

野見山　亡くなった、え、いつ？

窪島　ついこの間です。新宿のマンションで、十日ぐらい発見されないで、孤独死だったそうです。

野見山　ああ、そうだったの。僕は同級生だった。すごく絵がいい。

窪島　友禅染めの画工さんの息子さんで、父親は、

太田章「和子の像」

東京美術学校の日本画科に入れて、尾形光琳みたいな琳派の立派な絵描きにさせようと思っていたらしいですね。ところが、二十三歳で戦争で亡くなってしまった。そして、妹の和子さんも、ついこの間亡くなるまで、未婚で通されていた。

野見山　兄妹二人だけのきょうだいだったから。

窪島　単なる兄というだけでなく、彼女の身近にいる最高の異性だったんですね。

野見山　兄の思い出だけで生きているみたいだった。終戦になったら、薬学を学んで、いかにも聡明な感じの女性でしたね。その大学の教授をしておられたが。

窪島　ええ、いつも静かでおっとりとした……。

野見山　しかし、太田の妹さんが亡くなるのもそう唐突ではないよね、もう八十いくつだから。

窪島　僕には、かわいい浴衣を着て、サトイモの葉のところでしゃがんでいる十八歳頃の和子さんの姿が浮かぶんですがね。最近は、遺族の方もどんどん亡くなってしまうから、嫌になっちゃうな。

野見山　親密な関係といえば、伊藤守正もお母さんとの間がとても濃密で、「特別な雰囲気があって、兄弟も父もその間に入ることができませんでした」と言っていた。お母さんは、伊藤が亡くなったときに歌集を遺しています。

窪島　『春は厭《いと》はしくなりぬ』ですね、守正を奪っていった春は厭わしいという意味でしょう。画学生たちの絵には、自画像もありますが、父母、妹弟とか、親族を描いたものも案外多いんです。あの頃は、現在の親族のありようとは全然違うものがあったと思います。非常に濃密なものを感じますね。

野見山　そうだね、僕は、人間関係が、瞬く間にどうしてこんなに違ってしまったのかと思う。僕と同年齢にもかかわらず、こんなにも親やきょうだいに対しての思いが切なく、強いのかと思います。東北の方で工芸をやっている人を訪ねた時、兄さんが、語りながら、仕事の手を休めない。つまり、悲しくて僕の顔が見られなかったんだ。下を向いて作業をしながら、延々と弟のことを語ってくれた。僕たちが訪ねたのは、今からもう二十年前になるけど、戦争はこの人たちが死ぬまであるんだなとつくづく思います。

伊藤守正「奈良・高畑の道」

窪島　そうした人たちが亡くなったら、本当に戦争は消えるのでしょうね。

野見山　はじめにNHKで出た『祈りの画集』と、後（二〇〇五年）に無言館が全国を巡回展したときのカタログ『無言館　遺された絵画展』と比べると、同じ絵を収録していても、後者の方が絵が生き生きとしているように見える。この違いは何なんだろうか？

窪島　『祈りの画集』と『無言館　遺された絵画展』の違いがあるとすれば、僕はそれぞれに良さがあることを認めつつも、無言館のには、人に見てもらうということによって、絵が作品としての命を与えられたという感じがあるのではないかと思います。絵を受けとめる側の我々にも、作品として絵を受けとめるという気持ちがある。無言館の功罪を考えたとき、罪も多少あると思うけれど、一番の存在意義は彼らの作品を「遺品」から「作品」に転化させたことだと思うんです。

野見山　「遺品」から「作品」にか。そうだね、彼らが去っていった家の中で、これらは眠っていた。暗いところから引きずり出し、埃を払って、一点ずつに仕分けして、日の目を見たんだ。

窪島　無言館の手柄を言うわけではないですけど、ＮＨＫが最初に『祈りの画集』をつくった時は、画学生たちの絵は「作品」というよりは「遺品」だったと思うんですよ。もちろん遺品という性格は今も変わりはないのですが、無言館という具体的な建物ができて、年間、何万の人々が見に来てくださって、たくさんの感想を聞くことができるようになりました。『無言館　遺された絵画展』は、東京ステーションギャラリーをふりだしに、福井、愛知、兵庫、京都、広島と全国で巡回展をしたときに出したカタログでしょ。つまり、「無言館」が建設された以後の彼等の絵は、彼等が自己表現として描いた「絵」であるという点において差があるのではないかな。『祈りの画集』が出た前後に、セントラル絵画館というところで、丸山さんという方が小規模な展覧会をされたんですが、そこに展示されていた絵はあくまでも古色蒼然たる、戦後五十年近く前に遺した彼等の「遺品」以外の何ものでもありませんでしたから。

野見山　それまでの絵は、故人を偲ぶよすがとしての遺品であった、と。いや、遺品と言っていいかどうか。時間があったら消してしまうなり、焼き捨てたかもしれない。何とも言えないな。

窪島　その変化は、無言館が彼等の自己表現を「芸術作品」として扱ったというよりはむしろ、無言館という美術館に彼等の作品を並べたら、たくさんの人々が見に来たことによって、絵が「絵」として扱われ始めたと言ったほうが正確だと思うんです。「無言館」には、そのことによる絵の「喜び」のようなものがあふれているのではないでしょうか、そんな気がします。

画学生が伝えるもの

窪島　僕みたいに絵は描けないけれど絵を見ている人間からすると、「無言館」の絵は、絵の見方をもう一つ違ったところから鍛えてくれるんです。つまり、どうしても上手い下手で見てしまうというか、こいつデッサンできているな、いや、まだ指が描けていないなとか、そんなふうに絵を見る習慣を身につけてしまっていた。しかし、彼等の絵を見ていると、関根正二や松本竣介を見るのとは少し違うのです。どう違うかというと、さぞ絵が描きたかったんだろうなという本源的なところです。嫌々描いていてもデッサンは上手にできてしまう人は山ほどいる。しかし、果たして五十年経って、そんな絵描きの絵を見て、絵は何のためにあるのだろうと考えさせてくれるだろうか、これだけ多くのものを伝えることができるだろうか、とすら思います。前にもお話ししたように、「僕は窪島コレクションを崇拝していたけれど、戦地で亡くなった人の未完成な絵を集めて展示するなんてみそこなった。そんなものは何なんだ」と言った絵描きさんが、開館後五年くらい経って、「彼等の絵に教えてもらった、こうした絵じゃないとだめです」と最敬礼されて帰ってゆかれた。あの時、僕は気持ちのいい勝利感に浸ったものです。

野見山　今と、あの過激な戦争の時代とは違うのです。敗戦の痛手は戦後二十年で、まだいろいろなことの過程が生きつづけている時だったから、その悔しさに対しての後遺症みたいなものがある。だから『祈りの画集』についての反響はめちゃくちゃだった。「戦いで戦死した人の絵は、戦渦をくぐり抜けた人間の生々しさや、切羽詰った思いがあるだろうと思ったが、できた画集を見てがっかりしました」というのがほとんどの意見だった。「何ということはない普通の風景を描いたり、平和な自分の妹の顔を嬉しそうに描いたりしているじゃないか」、「一方で戦争があって、そこでは敵と戦って戦死している人たちの姿があるのに、画学生は何とのんきなものだ」という批判があった。

僕はその時、憤慨して、どこかで言ったことがあるよ。「これは戦争にかり出されて戦った兵士その人が描いた絵なんだ。その人がなんで突撃の絵を自分で描くか。戦争に行くために恋人と別れなければならない、恋人の絵はもう描けないと思ったら、自分の生きている証として、強いて言うなら今日を悔いなく過ごすために、その姿を描くだろう」と。僕は絵を描くということがどういうことかを言いたかったんだ。「戦争に行くのに、誰が華々しい戦争パチパチの絵を描くか」と。今はあんまりそういうことを言わないかもしれないけれど、あの画集に反感を感じた人もいたのです。

窪島　今でもありますよ、「戦時中に裸の絵を描けたのですか」とか、「奥さんの絵を描いているけれど、ああいうことが可能だったのでしょうか」とか、おかしなことを言うんです。僕はよく人に言うのですが、芸術表現には演劇もあれば文学もあるけれど、絵は描こうという対象を愛していないと描けない。それは事実なんです。夕焼けだろうが花だろうが、人だろうが、憎んでいたら、絵は描けない。文学は、批判する対象も書けるし、権力にはむかう批評も書けるけれど、絵は、少なくとも絵を描いている時だけは描く対象を愛していないと、描けない。これは他の芸術表現にはない点だと思うんです。だから、何も絵自身に鉢巻をしめさせたり、絵自身にプラカードを持たせたりする必要はない。そこに絵があることじたいが「平和はいいな、人を愛するということはいいことだな」という証なんですから。

だって、「平和、平和」と言っているけれども、平和を守りたいのは、自分の愛した妻を描き、恋人を描いていたその時間を守りたいからでしょう。その時間を守るために平和が大事なのでしょう、その平和を守る人々が「この時代にこんなことができたのですか」なんて言うのはとてもふしぎです。

野見山　戦争中に「戦争、戦争」と言っていたが、今はみんなで「平和、平和」と叫ぶ、これも怖いなと僕は思っているのです。みんなであいう掛け声みたいに言い合っているのは、危ない。

窪島　これは城山三郎さんが言っていたけれど、「徒党をなして何事にも群れるということが一番危険だ」と。今でも「松代大本営の帰りに来ました」とか「これから広島の記念館に行ってきます」とか言って、たすき掛けの平和を守る団体さんが来るんですが、僕は、かつての国防婦人会があれとそっくりだったのではないかとさえ思ってしまう。ああいうふうに絵は見るものではない。むしろ、平和運動の打ち合わせで疲れて、少し脳をやわらかくしましょうか、と言って見るものが絵なのです。ボタンの掛け違いと言ったらおかしいのだけれど、そこが今、僕たちが無言館の迎えられ方にどこか疑問を感じながらも、十三年やってきちゃったというところかな。

野見山　それにしても、あの時はこういう形でできるとは思わなかった、本当にできたね。絵描きは、どううまくでき上がっても絵に描いたボタ餅でしかないし、絵そらごとなので不思議でならん。現実のこういうものを作れないので、絵を描いているのです。つまり、行動に移せない夢想家なんだな。

窪島　でも先生、しんどいですよ。デッサン館ですでに数千万の借金があった上に、無言館をつくるのに四千五百万円借りて、今、一億四千万円くらいになっている。それをえんえんと返し続けてゆくわけですからね。先生の後ろをくっついて、ふぐを食べていたつけが今来ています。これは、何も考えないで戦後の六十余年を生きてきた男への、一つのペナルティーですね。でも、僕はそれを不幸だと思ってしゃべっているわけではないんです。無言館は僕が背負っている大事な荷物だと思う。その荷物があるからこそ、少なくとも窪島という人間のバランスがとれている。それなしでふぐばかりご馳走され続けて今に至っていたら、自殺していましたよ。

野見山　あはは、おおげさだなあ。しかしとても僕には真似できない。

窪島　無言館は去年、おかげさまで一般財団化されました。今までは税金が大変でしたけれど、これからは大丈夫です。これから大事なのは、若い子たちがあの絵から受ける印象を、我々がいたずらに脚色したり粉飾したりしてはいけないのではないか、ということです。若者たちが若者たちの眼で、かれらの絵を見るということが大切です。無言館はそうした彼らの時間を守ってあげる施設でありたい。

野見山　僕は、何回も言うようだが、絵を集めている時は、こういうふうな形できちっとみんなが応えてくれるとは思わなかった。どこかでそっぽを向いておしまいになっていくだろうと思っていました。だから僕としては、僕等が目指していたもの以上に、絵の持っているあるものに気がついたのです。それをみんなが感じてくれたということは、僕の期待以上だったから、嬉しいのです。

無言館のこれから

窪島　そろそろ、今後の「無言館」について語ることにしましょうか。

野見山　今後ねぇ、僕はあんまりそういうことは考えられない性格なんだが。さっき言ったように、現実に向かっての手足を持っていないのだよ。

窪島　ええ、わかります。僕たちはこの無言館をつくったことで完了している部分がありますからねぇ。でも、年間十万人近い人々があの無言館の坂道をのぼってきてくれて、それぞれの思いを抱いて帰ってゆかれる……。ああいう人々の後ろ姿を見送っていると、ああ、やっぱりこの美術館は僕たちがいなくなったあとも、ずっとこうして保たれてゆかなければならない美術館なんだな、と認識するわけです。

野見山　なるほど、そうだね。窪島さんは無言館ができてからは、そこにやってくる人々を見つづけている。僕は実務から解放され、窪島さんにとっては、それからが出発だったんだ。

窪島　今や「無言館」は、戦没した画学生のご遺族はもちろんのこと、あの時代を生きた画家たちの一つの心の原点としての役割を担っている部分があります。そして、忘れてならないのは、とくに「無言館」をみた若い人たちに対して、正確にこの美術館のメッセージをとどけてゆく仕事が残されているような気がするんです。

野見山　そうだな、残されているというより、それが目的だったんだ。

窪島　一昨年、ようやく第二展示館の「傷ついた画布のドーム」というのができて、ホッとしているところです。とにかく今までは、無言館で飾りきれない遺作が何十点もあって、ご遺族には不公平感があったんですが、それが何とか解消されました。開館した十三年前は画学生の数が三十七名。作品数が百数点という規模だったのが、今では百八名、六百余点という大世帯の美術館になっている。それを解決するためにも第二展示館の建設が不可欠だったんですが、これでようやく宿題が果たせた感じです。

野見山　図書館もつくったんでしょ？　その前に収蔵庫。どうしようもなく膨らんでゆくものだね。

窪島　ええ、僕の蔵書がたまっていたんで、第二展示館の出口のところに三万五千冊ほどの児童書、文学書、美術書がならぶ「オリーヴの読書館」というのを併設しました。「無言館」の画学生の絵を見たあと、すぐに日常生活にもどるのではなくて、少し足をとめてじっくりと物事を考えてほしいというのが「読書館」併設の目的でした。

野見山　なるほど。

窪島　今から八年前から始めたことなのですが、無言忌の少し前に、「成人式」というのもやっているんです。成人式とは読んで字のごとしで、全国から新成人の若者が集まってくるわけです。宣伝はほとんどしていないのに、なぜこんなに来るのか不思議なんですが、全国からあつまるんです。近在の人もいますけれど、北海道や青森県から来たり、沖縄や山口県からも来ます。べつに絵描きを志している若者だけではないんです。普通に受験勉強をしている人もいれば、音楽をやっている人もいる。

野見山　そうした節目の折に彼らの遺作に触れると、それはみんなの胸の中に残るだろう。

窪島　二十歳の子たちが画学生の絵を見て帰るわけで、何だか知らないけれど、みんな打ちしおれているように見えます。そして、彼等は感想文ノートにその日の感想を書く。そして、毎回ゲストを招いて、そのゲストが一通ずつ肉筆の手紙を若者に差し上げる、これが最大のプレゼントです。今まで山田洋次さんや澤地久枝さんがいらしていますが、澤地さんなんか三十九人に便箋に三枚ずつ書いていただきましたから、大丈夫かなと思ったくらい大変な労力です。それを若者が受け取るのです。

たまたま去年はノーベル賞受賞者の小柴昌俊さんがゲストでした。「自分は物理を勉強していて、美術館なんか行ったことがない。たまたま小柴先生がゲストだったから、なんとなく来た」という若者が、「絵を見ていて、自分が物理という研究に打ち込む姿勢はなってないなと思いました」と言うんです。つまり、画学生たちの絵には、時代をポンと飛び越えて、その物理学者の卵に伝わってくるものがあるのです。僕は、絵はまさしく、ああいう形で人を潤し、人に生きる喜びをあたえるものなのだなと思いました。

それに、ここ八年間成人式を見ていて、僕自身色々なことを教えられるんです。今年は俳優の菅原文太さんが来て下さるのですが、ああそうか、そういうことなのだな、ということをきっと伝えられると思います。僕は、この成人式のような企てが、無言館のこれからにとても大きな示唆をあたえてくれるような気がするんですが。

野見山　ゲストもなかなか多彩だね。いろんな方面の人を招《よ》んでくるというのは、誰にも真似できない才覚で、僕はつねづね感心してるんです。

窪島　ええ、何だか「無言館」の成人式となると、みんな大乗り気になるみたいですよ。それだけ、人生の先達のなかにも若者を大事にしたいと思っていらっしゃる方が多いのかもしれません。そういう人たちから自筆の激励と祝稿の手紙をもらって、新成人たちも大いに刺激をうけているようです。それと、何といっても若者たちは戦没画学生の絵じたいから多くのものを学んで帰るんです。感想文に「もっと家族を大事にしようと思った」とか「自分もこんなに純粋に人を愛せるような人間になりたい」とか書いてあるのを読むと、こっちがジンときちゃう。

野見山　今の若者も捨てたもんじゃないね。ともかくも、若者が大勢こられるような無言館でありたいね。

窪島　天に唾する言葉をあえて言えば、若者に諄々と「原爆で亡くなった方が何十万人いて、ノモンハンではこうだった、ルソン島、硫黄島はこうだった」と伝えようとしている人がいます。今盛んに戦争体験の風化が言われていますから、たしかにハードとしての知識を伝えることは大事だと思います。そしてそれは、広島の原爆資料館や知覧の特攻平和会館にとっては目的そのものでしょう。でも無言館が伝えるものは、今言った「絵を見ていて、僕が物理を勉強している研究の姿勢はなっていないと思いました」ということです。「もっと家族を大事にしたい」ということです。この問答無用の感想こそが無言館冥利につきる感想なんです。戦時体験者が「いいお仕事をなさっていますね」と言ってくる握手とはもう一つ違う握手なんです。これは、これからの無言館が伝えていく大事なことだと思っています。

終章　二人の今、これから

無言館での成人式に参加した若者たち

今、振り返って

窪島　先生とここまで対談させてもらってきたわけですが、無言館は今年で十三年になります。先生にとって無言館ができたことで、日頃のお仕事に直接かかわりがあるとは思わないけれど、何か違ったことはありますか?

野見山　やはり、できた後はなんとなく解放されたような気持ちがある。できるまでは、「自分の手でつくらなければならぬ」というどうしようもない思いがあったけれど、今は何か、僕らが子どもの時から背負わされてきた大きなものを、地面に降ろしたのです。それからというもの、大地に横たわったものを確認しながら、僕の毎日の生活にかかわるというよりは、もう窪島さん任せだから、かなり遠くなったと思う。

窪島　たしかに僕のほうは、圧倒的に無言館の仕事が多くなったから、それは大変です。講演依頼の八割までは無言館ですから。

野見山　ただ、無言忌に、年一回しか集まらないけれど、この人たちと会うためだけでも、生きていかなければいけないな、と思う。中村萬平の息子さんなんかは、僕に会ったとき、本当に息子のような顔をするもの。僕が親父代わりみたいなね。この息子クンが生まれた時には、親父は出征してしまった後だから、顔を知らない。親父のことは僕に聞くほかにない。お母さんも産後の肥立ちが悪くてすぐ亡くなったから、彼は両親の顔を知らず、赤ちゃんの時から爺さんばあさんに育てられたんです。太田章の妹さんも、僕と会えることを楽しみにしてくれていた。何人かのそういう人たちがいて、僕は戦死者の代わりをつとめているような気がする。無言館ができたことで、僕は解放されたような気になったけれども、逆に多くの方々の心の中に住みついたのです。会うたびに、何かが込みあげてくる。

窪島　先生のように、幸いにして、戦争を越えて活躍していらっしゃる方が他にも何人かいらっしゃいますが、そういう方々は、無言館ができても、遠くから静観されている方が多かったようです。前にも言ったように、そういう方々には、本当にそんなものをつくったのかという驚き、もっと言えばとまどいがあったんでしょう。

野見山　うん。

窪島　僕は当時、何も知らないで、野見山先生のご本だけを読んで、お話を伺って、これは一緒に行ってみようと思ったわけです。先生がこれといったきっかけもなくいつのまにか絵を描いていたというのに少し似ていまして、「よし、ここで僕も自分の戦後処理をするのだ」なんて大それた思いなど一度ももったことはないんです。村山槐多など夭折の画家の絵を集めていたから、一点か二点でも絵があるのなら、どこかデッサン館の一角に戦地で亡くなった絵描きの絵を並べてもいいじゃないかという程度で始めた。しかし、前にも言ったように、先生のように戦地に行ってじかに体験を積まれた人にとっては、仲間たちへのつよい思いがいつもあったんだろうと思うし、今もあり続けているんだと思う。先生だけでなく、みな同じような思いが心の中にあったんじゃないか。復員されてきた絵描きたちが持っている心の美術館を、僕が具体性をもって、れっきとした不動産として、銀行から金を借りて、叩けばノックができる扉をつくって、コンクリートで建物をつくってしまったというところに、ついて来られない人たちがたくさんいると思う。事実、そうした感想を書いたお手紙ももらっていますし。

野見山　ああそうですか。

窪島「君のやったことは、あまりに大それていて、私は行きたいけれど行けない」というような。つまり、それほど重いものをこんなふうに簡単につくってしまった。これまでにも何度もそのことにはふれてきましたが、そういうことに関しては、あらためて野見山先生はどう思われますか？

野見山　うーん……。一度、暴力の中に身を晒すと、どうも素直でなくなるんですよ。やけに拗《す》ねた人間になっちまってね。

窪島　先生は、つくったからもういいじゃないかと思ってくれていますか？

野見山　僕の知っている人で、仲良しなんだが、「あなたは非常に貴重なものをつくってくれたけれど、僕は今は行かないし、将来も行きません」と言う人がいます。そういう現場に自分が立たされるのは耐えられないという思いがあるんだと思う。そういう状況に僕は多くの人を追い込んだのか……。

窪島　先生と親しい日本画家の堀文子さんなんかもそうですね。堀先生と会うと、「窪島さんのお仕事を愛しているし、大切だと思うけど、私はどうしても行けない」と言う、それほど重いものなんですよね。ですから、逆の意味でいえば、重いものを心に抱えた人たちには、この美術館はつくれなかったんじゃないかと思います。

野見山　僕は初めNHKからの依頼での訪問の途中、これ以上遺族のところをまわれるもんじゃないという気持ちで、「できれば降ろさせてくれ」とNHKの方に言ったんです。「それでは代わりの人をたててください」と言われて、こんなに辛いことを誰に代わってもらうことができるかと思った。そこで気持ちを切り替えました。これはどんなに辛いと思っても、僕がやらなければならない、他の誰にも押しつけられないし、自分が逃げるわけにはいかない。

窪島　NHKから『祈りの画集』のお仕事が先生のところにまわってこなかったら、どうなさいました？

野見山　それっきりでしょうね。僕は何となくぼんやりだからね。ただぼんやりだけど、亡くなった佐々木四郎にしろ、駒田芳久にしろ、何かの折、僕の中に出てくる。それが、僕自身うっとりと幸福なときに出てくるんです。例えば音楽会に行って、今から幕があくという時、俺だけがこういうところに坐っていていいのかと。フランスに行った時も、船が夜の地中海に入って灯が点々と見える、「ああフランスに近づいたな」と思った時、涙がこみあげてきて、俺はこのまま真っ直ぐ行ってはいけないのではないか、他の誰もが近づけなかった地点、俺だけがみんなが憧れていたパリに行っていいのか、と思った。これはあまり言いたくないんだけど、いつでもじわっときて、後ろめたさにさいなまれるのです。

窪島　では、僕にはそれと同質のものがあるだろうかと考えると、残念ながら何もないんだな。

野見山　これは僕だけの話ではなくて、僕の年齢、前後の人たち、戦争を経験した人たちにはそれがある。だから人に嫌われるんです。「戦地では、こうだったんですよ」って、やたら人をつかまえて言うから。僕もそういうおじさんの話を聞くのは嫌だけど、どうしても抜けられないです。無言館ができたこととは関係なしに、そういう形で戦死者のことは出てくる。

窪島　先生はさきほど、こんな辛いことは辞退したいと思ったとおっしゃいましたね。僕は辞退したいとまでは思わなかったけれど、自分が適格者なんだろうかという気持ちはずっとありました。この仕事をするにふさわしい人間は他にいるのではないだろうかという思いが、今もあるんです。

野見山　そこは世代によって大きく違うところだね。それにしても自分から進んでやりたいと思う人はいないだろう。よくやり遂げた。

窪島　とても変な話だけど、先生の後ろについて三年近くも遺族めぐりをしたわけですが、絵なんか見つからなければよかったと思うこともあります。絵が見つかってしまったから、無言館をつくらざるをえなくなったし、目に見えない大きなものを託されたわけです。数点しかなかったら、信濃デッサン館の片隅に戦没者コーナーでもつくって、今も地味な活動をやっていたと思う。戦争を体験していないという意味では、自分が適格者だったかどうか自信はないのですが、しかし、いっぽうでそうではないという自信もあります。つまり、絵をモノとして考えると、ほっておけば月日がどんどん侵蝕していく。僕には「絵は残したい」というつよい思いがあって、それは何も「戦没画学生だから」というのではなく、僕に先天的にそなわった「絵をまもりたい」という願い。それが、この仕事を放擲《ほうてき》しないでここまで自分を支えてきた哲学、美学なんだろうと思います。僕は、どんな作品であっても、絵が消えていくのが嫌なんです。

野見山　僕は絵が残ったことはよかったと思う反面、やはり本当はこういうことをやっちゃいけないんじゃないか、という気持ちがある。というのは、遺族をまわっているうちに、胸に突き刺さるようなことが二つも三つもあった。一つは、関西の芦屋の大きな屋敷を訪ねて行ったとき、戦没者の兄さんと縁側でしゃべっていたんだ。すると襖がすっと開いて、ばあさんが出てきて、非常に冷たい目でじっと僕を見ていたんです。それが何ともいえない目つきで、ぞっとするような感じだった。しばらくすると、襖がかちっと閉まって、ばあさんは向こうに行ってしまった。兄さんは「悪く思わないでください。母は弟が死んだと思っていないんです」と言う。「母は、弟が休みに帰ってきたとき、奴がずぼらをしてパレットに絵の具が固まったままにしているのを、きちんと掃除して、筆も洗っていた。母は、帰ってきたときのためにと言って、それを毎日、毎日、今もくり返している。そこへあなたが戦没者の家はここですかと訪ねてきたから、怒りがこみあげているんです。あなたに対して怒っているわけではないから、勘弁してくれ」って言われた。ああいう目で見られたとき、僕はなんて楽天的な男なんだろうと思いました。人が形にならないぐらい大事にしているものを、ハイってもらってきて、「戦没者の作品です」と皆に見せることに対する後ろめたさが、僕にはある。

窪島　わかります。

野見山　同級生だった大倉裕美のお母さんは、僕が帰るときレインコートを着せてくれて、いつまでも僕の背中をなでていた。

窪島　先生は『遺された画集』（平凡社ライブラリー）で、「あなたはお若い、小さくそう呟きながら、しばらくコートから手を離さなかった。彼女の視線が後ろから私を眺めている。いいや私ではない。束の間、この家に息子が帰ってきたのだ。母親の目に涙が光った」と書いていますね。

野見山　僕はそういう人たちから、「作品をください」と言ってもらってくるのは、後ろめたいです。無言館をつくって良かったかと聞かれると、僕には、そういう人たちからヌケヌケとさらってきたという思いがある。

窪島　先生が同じ意味のことを前におっしゃって、僕も深く肯いたんだけど、あくまでも「無言館」は当事者である彼らの許可、認可を受けていない美術館だということですね。生者のエゴイズムというか、生者の感傷と情緒と懐古とノスタルジーといったようなものだけで彼らを選別し、表舞台にひきだしたわけで、彼らが諾としたわけではない。そこにこの美術館のよるべなきところがある。そのよるべなきところを、全く忖度《そんたく》しないで、いかにも「反戦美術館」「平和を祈る美術館」と、わかりやすい言葉にはめこむ安易さ。そうした根本的なところで、ある種の後ろめたさ、負い目を自覚することも、僕らに与えられた戦争に対する基本姿勢であるべきだと思うんです。

野見山　窪島さんが、いみじくも、この美術館は「作者の許可を得てない」と言ったが、その後ろめたさはあります。

窪島　ありますね。

野見山　僕もそうだなと思う。

窪島　でもその下に「しかし」というのがつく……。しかし、あの美術館に若者が来て「生きる勇気をもらった」とか、「俺は勉強しているけれど、彼等の絵を見たら、もっと頑張ろうと思う」とか、そういう、今私たちの時代に一番欠落している部分を死者が補ってくれているということも厳然としてある。無言館の存在に意味がないとは思わない。しかしながら、この美術館は戦後六十何年、ないがしろにしてきた画学生たちのあずかり知らぬところにあるんだという意識は、絶対に忘れてはいけない。

野見山　うん。どういう形であれ、今の人たちと交渉を持ってゆければ……。

窪島　五年前に無言館の慰霊碑に赤いペンキがかけられる事件がありました。僕の中にはもちろん、何といやらしいレジスタンスなんだろう、そりゃないだろうと思う部分があったんですが、第二展示館をつくった時に、それをあえて復元しようと決めました。ただ、名前を真っ赤なペンキで塗りつぶされた画学生の遺族の心情は、一刻も早くぬぐってほしいわけだから、それはぬぐいとって元通りにしました。でも、ぬぐいとったけれども、僕が一番大事だと思うのは、他者の意見に対する敬意、自分とは違う目でこの美術館を見ている人の目があるということを、絶対に意識からはずしてはいけないということです。そういう多様な意見をまったく無視して、不都合な意見を除外して、ただ「無言館」を「正しい、美しい美術館」と捉えてしまうと、さっき言った身の置き所のなさがいちだんと深くなるという感じがします。

つくる側から見る側へ

野見山　無言館ができて、年代がだいぶ経ってきて、展示されるメンバーも少しずつ変わってくると、何だか彼等が不動のもので、僕をじっと見つめているような気がするようになった。僕らはどんどん遠ざかって忘れかけているのを、向こうは「お前、少ししゃんとしろよ……」って見ているような気がする。だから、僕はつくったときとは逆に、最近は、一般の参加者の目で見ることが多いんです。遺品の手紙類とかノート類を見て、実は僕は同世代なんだけど、昔の人間は、こんなに人間どうし愛し合って生きていたのか、こんなに人間を信頼しあっていたのかと思う。最初は、自分と同じ世代の絵を捜していたにもかかわらず、これは貴重な実験なんだと思うようになった。死の執行猶予みたいな時間、あと半年、三ヶ月、明日という、その間を画学生が生きるとしたら、どんな絵を描いたかという実験なんだと思う。僕は、「絵なんか描けるか」って酒でも飲んで、自暴自棄になることはなかったのかと思うんだけど、それがなかった。

窪島　それは、僕が一番聞きたいところですよ。

野見山　一つは、飲む酒がなかった（笑）。

窪島　だけど、芸術という美酒があったでしょう。

野見山　うん、みんなが一途になって、絵を描いている。しかも地味な地味な絵を描いた。この『祈りの画集』が出たときは不評だったんです。これは前にも言ったので重複するが、「戦争という苛酷な事態を何も経験していない、若者はあの時代を認識していなかったのではないか。戦争画を見よ」と言われた。

窪島　認識していないからすごいんですよ。

野見山　「戦争画を見よ」と言われたんだけど、戦争画に出てくる「兵隊」が描いたんだから。その兵隊はそんなにドンドンパチパチを喜んでやっていたかということなんだ。そういう点で、僕は、貴重な人間の記録だと思う。そういう意味で、無言館があってよかったと思う。それで今、僕はまとめた人間の側ではなく、見る人間の側に、少しずつ変わってきている。
窪島　今日は先生のアトリエでお話させていただいていますが、無言館をつくったことは、仕事をするうえで、まったく関係はないですか？
野見山　どうだろうな……。直接にはないですね。
窪島　お互い年齢が上がってきて、残り時間が少ないという意識はあるわけですが、その残り時間の少なさというのは、戦没画学生のこととつながる？
野見山　つながるとは思わないですね。
窪島　でも、先生も最近は、エッセイなどでずいぶん画学生のことをお書きになっていますよねぇ。
野見山　僕は、幸福なときに、戦没画学生が顔を出す。それから、ヘンな話だけど、講演のときに客席の大勢の顔が、漫画でいえばただ丸く輪郭だけで、それがいくつも並んでいるような光景のなかで、何となく目鼻のあるのが何人か浮かぶんです。その顔が戦没者なんだ。「生き残って、いい調子でお前、やってるな」っていう何人かの目がいつもあって、「まずいんじゃないか」って思う。そうすると、喋り方がびびってくるんです。丸ばかりの顔になってしまえばいいのにって思う。

窪島　それは具体的に画学生が出てくるんですか?

野見山　画学生が出てくる。

窪島　それはしんどいことだなぁ。

野見山　彼らが「お前はどこの人間だ?」って問いかけているような気がするんだ。つまり、彼らは、僕が日本人ではないと思っているのではないかと。僕の表情や服装すべてが、その時代と違うでしょう。何もわからない者が、壇上で、平気な顔をして、「昔はこうだった」と語るのはおかしいのではないかという目があるような気がする。いやそうじゃない。自分とは何だと問う時期に辿りついたところで消され、明日をも知れない焼土に臥せて終わりになった、その目が、僕を見ている。そうすると、なんか喋れなくなるんだ。

お互いにとっての二人

窪島　無言館というのは、野見山先生と僕と、つまり二人が出会わなければできなかったのだろうと思うけれど、そういう意味でお互いにとって相手はなんだったのでしょうね?

野見山　僕は、窪島さんがよく耐えたと思う。僕と違う世代の人が果たして一緒に歩けるのか。遡った世代に踏み込んでゆくのは難しいことです。安田武や宗左近のように僕と同じ世代のものでも、「俺はたくさんだ」って、二、三軒まわったらやめちゃうくらいだから。最初にNHK出版の人と一緒に行った時は、編集の人も「僕は途中で酒を飲んでいるから、行ってきてくれ」と言って、次第についてこなくなったりする。カメラマンなんかは年が若いにしてはよく我慢してくれたと思う。彼のお父さんが美校出身の先輩、小野具定だったことも大きいでしょう。ともかく窪島さんはどこかで「嫌だ」と言うのではないかと思っていた。

窪島　たしかに、同じ車に乗って訪ねたけれど、かなり違う思いで訪ねたと思います。

野見山　遺族のところに一緒に行って、ひどくインチキ者扱いされたりすると、若い人は怒り出すのです。それで僕はカメラマンに、「僕たちは遺族に会いに来たのではなくて、戦没者に会いに来ているのだから、遺族がどう扱おうとそういうことはかまわないのだよ」と言ったのです。僕は彼らと実際に会っていたけれど、窪島さんにとっては「戦死者」という一つのお墓みたいなものです。窪島さんはどこかで空しくなって、帰ろうと言い出すのではないかと思った。窪島さんはその人たちより若いのに、よく耐えているなと思いました。

窪島　先生はよく耐えたとおっしゃるけれど、こうしたことは、夢遊病者のようにならないとできません。今振り返ると、百人近いご遺族のところに行ったわけですから。しかも北は北海道江別市から南は種子島にいたるまで。客観的にみるとずいぶん大仕事をやったものだと思うけども、やっている時は理屈抜きでしたねぇ。一種の夢遊病者なんです。画学生がここにいるという知らせが入ると、すぐにでもそこへ行きたいと思っちゃう。今もそうです。それは何なんでしょうかね。

野見山　たしかに、夢遊病者になっていたのかもしれない。はじめNHKで回った時、僕のカミさんが、もうやめてくれと言い出した。帰ってくる度に、青い顔がひどくなると言うのです。たしかに死者と会ってくるわけだ。自分では気づかないけれど、そちらの側に入ってゆくのでしょう。

窪島　それと先生、当時は結構、二人とも暇だったんじゃないかな。明日どこそこに行くっていうと、ではどこで待ち合わせしようかなんて言ってましたものね。

野見山　そうだね、暇だったのかな。それより今が、あくせくしすぎているのです。

窪島　でも、練馬の美術館で先生の展覧会が始まって、あの頃から先生は忙しくなった。でもずっと援護射撃してくださって、明日どこそこに行くというと、相手先に手紙を書いたりしてくださいました。

野見山　僕はそんなにまわらなかったからね。しかしこれを優先しないと、他の事は落ち着かない。

窪島　十軒か、十いくつかだったと思います。ただ、その最初のすべりだしがよかった。伊澤さんとか、高橋助幹さんとか、二人でコツコツ行ったところが、ちょうどとも綱を解いて、沼に舟を出してくれたという感じでね。後は楽なものという感じでした。僕一人であちこち行って、帰ってくると、先生に手柄話ができる。「何々さんのご遺族の家に行ってきましたよ」とか「あのお兄さん、亡くなりましたよ」とか。そのうち同じ東京美術学校でも、先生の全く知らない人を見つけてくると、鬼の首をとったように「一級下にこういう人がいました」なんて報告できるのが、すごく嬉しかった。先生に褒められるというのが嬉しかったんです。

野見山　僕はほとんど力になっていないのですよ。ほとんど窪島さんがつくり上げたのです。必死でやっている若い相棒の多少の支えにはなったかな、と思いますけれど……。

窪島　先生は謙遜しておっしゃいますが、確かに実務的にやったのは百パーセント僕です。しかし、その実務のスタートラインに火をつけてくれたのは先生ですね。これは動かしがたい事実です。

野見山　人をあふるのはうまいんだ。しかし、よく耐えてやったよ。

窪島　僕は逆なんですよ、二年半、いつ先生を怒らせて、勘当されるかと思っていましたから。僕にとって、野見山先生というのは、これも僕は本にも書いているのですが、本当にどんなに感謝してもし足りない存在といえるでしょうね。確かに多額の借金を背負ったのは自分だし、三十一年前につくった信濃デッサン館の分館として建設したわけですから、どこかに正真正銘自分がやったのだという自負がないわけではない。ただ、これも先生と出会わなければ、そんなふうになれなかったわけです。

野見山　それはそうだが……。いや、ほとんどのことは、出会いから始まる。

窪島　野見山先生はいろいろなことを承知の上で、仲間の絵を集めたのでしょうが、窪島にとって、先生の後を風呂敷持ってついていってよかったとしみじみ思うのは、この十三年間で人が変わるほどいろいろなことを勉強したことです。こういうインタビューを含めて、先生は皮肉たっぷりに「最近上手になったね、ボタンを押せば喋れるようになったね」とおっしゃるけれど、先生もそうでしょうが、僕も、これまでの自分の半生を反芻するという、実に貴重な経験を積んだという意識があるんです。

野見山　それはどういうこと？

窪島　僕は自虐的に「自分は何も考えてこなかった」と言っていますが、本当は渇ききった新聞紙みたいなところがあって、先生とお会いした時には、まさに一触即発といった状態でした。養父母は僕をもらって戸籍上の実子として育ててくれた。小学校時代から、地方から出てくる明治大学の角帽の学生さんの下にひざまずいて親子三人で靴を磨いて、修理して、それで小学校、中学校を出してもらった。今思えば、いつも親は空襲や戦争の話をしていました。あの頃養父母が植えつけてくれた戦争という影が、自分の根元のところにずっと眠っていたんだと、今にして思います。戦争さえなければ、水上さんだって僕を手放したかどうかわからないのですから。

野見山　窪島さんに限らない。だんだん薄れてはきたけれど、今に至るまで、ほとんどの人間が戦争という影を引きずっているわけだ。

窪島　僕は松本竣介や靉光のことを書くたび、いとも簡単に「戦時下に透徹した孤独なマチエルが広がる」なんて書くわけだけれど、あれはわかって書いていたのではないのだということに気づかされた。先生の後をついて行ったのは、自分では意識していなかったけれど、養父母によって体内に注入された、その戦争という時代に対するアレルギーがあったからでしょう。養父母は、戦争や空襲の話をしながら、「誠ちゃんは、絵や作文が好きだったのに大学に入れてあげられなかった」、「空襲で焼け出されなければ、こんなに貧乏を味わうことはなかった」とよく言っていましたし。ただ、飲み屋で金かせぎに明け暮れるうちに、そうしたことを隠蔽するかさぶたのようなものが僕の心にできてしまった。

野見山　窪島さんがやっていた飲み屋にも一回、行きたかったなあ。

窪島　先生と伊澤洋さんのところに行って、兄の民介さんご夫婦にお会いしましたが、その時のご夫婦は、幼い頃自分を手塩にかけて育ててくれた窪島茂、はつに生き写しでしたよ。僕の家はそれでも都会にあったから、くもの巣こそはっていなかったけれど、伊澤さんご夫婦は、貧しいなかで必死に生きていた親父とおふくろそっくりだった。まるで親不孝の懺悔の対象として、そこに窪島茂とはつが登場したのではないかとさえ思った。うちの女房は全く本を読んだことがない女性で、何も知らない人なんですけれど、今でもよく言うんです。「おじいちゃん、おばあちゃんのおしめの取り替えも全部私に押し付けておいて、偉そうにおじいちゃん、おばあちゃんそっくりのご遺族のところに行って、愛嬌ふって感謝され、絵をお預りして帰ってきてはテレビに出ている。おじいちゃんおばあちゃんが見たら、笑っちゃうわよね。あんたは、あんなに戦時中苦労した二人の話を一度も聞こうとしなかったんだから、それこそ詐欺師よ」って（苦笑）。

野見山　返す言葉がない……（笑）。

窪島　僕は若い頃から浅はかなほど上昇志向の男。金が欲しい、いい暮らしをしたいという欲求だけで生きてきたふしがあって、当時の自分をふりかえると、飲み屋で売り上げばかり気にしていた姿しか見えないんです。昭和十六年生まれが全員そうだとは思わないけれど、日本という国のありようを自分が体現して生きてきたという感じがする。
その後、上田にデッサン館をつくり、小さな私設美術館屋をやって生きてきたんだけど、無言館がなかったら、今はどうなっていたかなとも思う。無言館ができてまだ十三年なんですけど、準備に着手したのが十六年前、それは、それまで自分が塗り残してきたところを塗り始めたというか、カッコよく言えば自分の空白みたいなところを埋める仕事でもあったんです。ですから、画学生さんたちの絵を見つけたというよりは、画学生さんたちの絵に、僕が見つかっちゃったという感じです。六十幾つになるまで金銭の売り上げばかりを気にして生きてきた男を、物陰にひそんで彼らがじっと見ていたという感じの方が強いんです。
野見山　戦争の恐ろしさで屈折した奴と違って、食うや食わずの戦後育ちの屈折さというものがあるんだな。
窪島　無言館をつくり始めた時は、養父母はもう他界していましたが、開館の時は水上さんが車椅子で来てくれました。今や僕の親は彼しか生き残っていませんでしたから、代表で来てくれたのではないでしょうかね。
野見山　最初のこけらおとしの時だよね。参列者の一人一人に頭を下げておられた。
窪島　来てくれました。もうあの時は足がかなり不自由だったのだけれど。

野見山　僕はその後も無言館で何度かお目にかかったような気がする。
窪島　何度か来てくれて、最後は亡くなる五年ぐらい前でしたか、初めて僕の本を買って行ってくれた。感激でした。水上さんが、「誠一郎の本だ」と言って、がま口からお金を出して買っていってくれたんです。それまでずいぶん自分の本は渡していたんだけど、いつも何の感想も言ってはくれなかった人なのに、なんだか切なかった。
野見山　切ない。生まれた時から親は傍らにいるもので、そんな親子の関係があるなんて、まるで知らなかった。

確信のない宗派の教祖と弟子

窪島　それにしても、僕は無言館をつくったことによって、今や大慌てです。残り時間は少なくなるいっぽうなのに、これからどうやってこれに自分なりの答えを出していけばいいかと……。
野見山　何も次々に答えを出していかなくても、ゆっくりと答えが返ってくればいいんじゃないか。
窪島　これでも僕は一応、自分では自分を表現者の一人だと思っているんです。あと数年で古稀ですし、人生の決着の時間がすぐ側まで来ているわけですから、そろそろこのつたない浮遊人間、ふわふわ浮いていた男も、自分はこの仕事のために生きてきたのだという、自分自身の人生に結論を出さなければならない時期にきている。そういう意味では、確かに美術館の館主でもあるし、多少ものを書いている人間でもあるんですが、相変わらずそれに自信が持てない。ぼんやりとこれもまた、自分の自己表現の方法だったのだなとは思っているんですが。告白しますと、先生に対してさえ、表現者対表現者という意識があるんです。「お前はまだ十年早い」と言われそうですが、時々心のなかでそれがスパークすることがある。具体的にそれがどういう時かと言われると困るのですけれども、「俺だって表現者だ」というところがどこかにあるんです。

野見山　絵描きだけが自己の表現者というわけじゃない。それはあって当然だ。絵を愛する者の確かな生き方だ。

窪島　この十数年間、先生とつかず離れずお付き合いしながら思うことは、「絵を描く」というのはどういうことか、人間が生きるというのはどういうことかを伝えるのが、自分に与えられた使命だというような気がしてきているんですね。ただ、先生の場合はきわめてそれを自然に実行されてきた。僕の場合は、わざわざそれを作り上げてきたのではないかと思うんです。だから先生にコンプレックスを抱くのは、自分はいくらやっても養殖ものだなということですね。もっとも、世のなかは養殖ものばかりで天然ものは少ないようですが（笑）。

野見山　ただ好きで絵を描いていて、俺は表現者だというのは、口はばったい。「無言館」は窪島さんのりっぱな作品だもの。

窪島　失礼な言い方ですけれど、先生とタイプがとても似ているのが、大岡昇平先生でした。僕は亡くなった大岡先生に大変かわいがられました。やはり詩人画家だった富永太郎の研究家でしたから、それを通じて村山槐多にも興味をもたれていて、僕の画廊にも槐多を見にきてくださったんですが、その大岡先生がよく言っていらっしゃったんです、「窪島君は、くんくんと鼻をならして台所にすわっている犬のようなんだけれど、ちょっと油断していると応接間まで来て寝ている」って（笑）。もっとも大岡先生の応接間まで入りこんで図々しく寝込んでいたら、突然ぴしゃっとよろい戸を下ろされた人々の死屍累々があるんですよ。きっと付け上がったからでしょうね。でも僕は最後までよろい戸を下ろされなかった。よく近所の子で、知らぬ間に一緒にテレビ見て、ご飯まで食べて、「あの子どこの子？」という子がいるでしょう。そういう体質が自分にはあるんです。

野見山　そうかもな。それだから、これは達成したんだよ。

窪島　だから僕は、遺族めぐりをしていた頃から、野見山先生にいつぴしゃっとやられるかという恐怖感を持っていたんですよ。そういう自分の体質はわかっていましたし、いつのまにか応接間で寝てしまうというのは性《さが》ですから、なかなか抜けないんだと思うんです。でも、先生は実にオーライでいてくれました。野見山先生にはそういう癖があるようですね、人が嫌っている人をあえて好きになるというか、そんなところも大岡先生に似ています。大岡先生はまだ市民権があたえられないで、まごまごしている人間を本当に可愛がってくれた。野見山先生も似ていて、社会的に少し嫌われていたりする人のことを、案外好くんですね。僕と旅が始まってからだって、「宴会に行くと、窪島とあまり関わりあってはいけないとみんな言うんだよ」なんて僕に言ってましたものね。僕は「ああそうですか」って、そんな感じでしたが。

しかし、僕も今白状するけれど、二、三の絵描きさんに「野見山さんなんかと組んじゃダメだよ」なんて言う人がいたんです。

野見山　いたの？　何だろ、面白いね。

窪島　いたんですよ……だから先生と僕は、やっぱり画学生たちが取り持ってくれた友情によってむすばれた仲なんじゃないかな。戦地から帰った絵描きさんたちは共通して、すでに自分たちの仲間の作品が並ぶ無言館を、幻のように心の中に持っていた。それが具体化されて、先生が「本当にできたんだ」と立ちすくんだほどなんですから。そういう意味では、僕たちは画学生たちに励まされて前人未踏の仕事を成し遂げたといっていいのでしょう。先ほども、堀文子先生のお話をしましたが、とにかく多くの人たちにとっては、「怖くて、来られない」美術館をつくってしまったんですからねぇ。

野見山 あの人は、兄さん二人が戦死しているのですよ。あの人は非常に戦争を憎んでいる。だから、窪島さんもそうだけれど、九条の会に入っているでしょ。なんでこんなによく知っている奴が何人も名前を出しているのだろうと思うけれど……。

窪島 「美術九条の会」ですね

野見山 そう、堀さんは僕と違って、どこかのよその国が日本にやってきて、領土を失っても戦争はしないと言う。ところが、僕は自分の国がやられるとなったら、そのままではいられないような気がするのです。堀さんは、それでも「私は戦争は嫌」と言う。

窪島 なるほど。でも、今だったら我々にもできますよ。宇都宮徳馬さんが、「核を制するために核を持つぐらいだったら、ただ裸で核の中で死んでいきたい」って言っていましたけれど、人間の肉体の化学反応として、刃を突きつけられて殺される寸前には、それを避ける行動にでるかもしれないし、それはわかりません。しかし、大事なことは、今は「そうあっても自分は相手を殺すまい」と律することからしか平和を語れないところに来ていると思うんです。僕だって本当は嫌いなんですよ、憲法九条の会のようなところに並ぶのだって。本当は自分も能天気な絵を描き続けている仲間に入っていたいのです。絵を描いている途中で、制作を中止して、反戦デモに加わろうということにはなりたくないんです。デモがあろうとなかろうと、好きな絵を描き続けているような人間でいたいんです。自分の残り時間と今ある状況を考えた時に、やはり今言った、自分が銃殺されても銃は取るまいという気持ちがある……。

野見山　僕は確信がないな、僕はいつでも確信がない。兵隊に行った時にも確信がないまま行き、帰ってきてからも確信がない。

窪島　そうか、今ようやくわかりました。僕たちは確信のない宗派の教祖と弟子のような気がする。僕も今、先生と種類が違うのだけれど、すべてに確信がもてないでいるのです。ただ、僕は作り事で生きてきた男ですから、確信がない場合はどうするかというと、「どうすれば確信がもてるか」というふうに考えるわけです。しかし、先生の場合は「確信がない」で止まるわけ。僕は確信がないけれど、あえて確信を持とうとするのです。先生の場合は、「確信がないっぱなし」なんです。そこがスゴイところです。

対談をおえて

野見山暁治

この対談で思ったことは、人の考えも行動も、その時代からはみだすことはない、そうして時代は、つねに移りかわるということ。

西欧の文明に目覚め、それを真似ることで躍起になったのは、僕の祖父や父が生れた明治時代だった。父はイタリー製の帽子をかぶるとき、上等舶来といって嬉しがった。品質の良い物はすべて上等舶来と父は呼んで、大切に扱ったものだ。

ともかくその舶来を取り込みながら、彼らの国に近づこうとムキになって育てられたのが、僕の大正時代だ。中学に入ったとき、美術部の上級生たちが油絵を描いているのをみて、僕は駄々をこね、その道具をなんとか買ってもらったが、それは日本に油絵具が入ってきて、そう間もないころだとは、あとで知った。水の代りに溶き油をつかう。自然の見方、画面の組立て方、何から何までハクライだ。

戦没画学生の家の人たちは、突如として、ひとりの子が、このハクライを学んで身を立てると知って、面くらったことだろう。なんでこんな見たこともない異国の芸ごとにとり憑かれたものか。

家で見馴れている掛軸とは違う。どう判断の仕様もない。かなりの家で、束ねられたキャンバスをそのまま仕舞い込んでいて、僕が尋ねると、心もとなく持ち出してくる始末。ともかく数少ない画家たちが西欧から油絵の技法を持ち帰り、後輩に伝えるという使命感、自分たちで新しい国をつくるという自負は大きかったと思う。美校の教授たちの指導は、だから真剣だった。

武力においても同様で、国は西欧の軍隊の武器と組織をいち早く取り入れ、兵力を培うことによって植民地を手中に収め、豊かな西欧の国々に近づこうと懸命になってもいた。近隣の国々と戦火を交える度、夢と兵力は膨らんでゆく。やがて男の子は兵隊となり、戦場に引き出されることを約束されながら育てられていった。それは明治以来の国の願いだ。

そんな中、僕たちは美術学校に入っている。三年生の歳の暮、とうとう世界規模の戦争になっちまった。一方的に増大した軍部が暴走しはじめたのだろう。

食べるものはおそろしく少なくなり、着ている服が擦りきれてきても、替えは手に入らない。軒下に干していたオーバーを僕は盗まれた。近々、入隊だからと自分に言いきかせたものの、なんとも収まらず、歯ぎしりしたが、こんな時代がいつまで続くのだろう。大本営の報道は、まるで当《あて》にならん。勇ましい掛け声にかかわらず、日本の街は次々に焼かれてゆく。勝つも負けるもない。戦争とはこういうものだったのか。

世に言う玉音放送によって敗戦を知らされたとき、あなたはどう思いましたか、という質問をかなり受けた。それに対して僕の反応はかなりそっけない。自由を得る歓びもなければ、断腸の口惜しさでもないのを後の世の人は不審がる。あの放送がじかに伝わらなかった幼い世代の人たちにとっては、腫れ物に触るように眺めているが、見当がつかん。

これからは絵が描けると思いましたか、と窪島氏は尋ねた。国の方向、倫理感が、一瞬にして打ち砕かれ、それらはすべて忌わしいこととして封印される。目の前は真っ白だ、言葉ひとつ出なかった。

その後につづく日本の在りようについて、やはり窪島氏の体験や発言は、かなり僕を戸惑わせた。その戸惑いは、戦前、戦後の日本人、と大きく分かれてゆく。戦没者の家々を訪ねながら、僕が窪島氏に抱いた不安と、彼が僕の傍で持ちつづけた杞憂とは、かなり食い違っていた。

この世の在りようは、生れた時代によって本当に違う。明治の人によって培われた大正の僕は、昭和を越え平成と時を経てゆくうちに、とうとう自分の国のエトランゼになっちまった。あるいは明治移民の三世かもしれん。

しかし無言館に陳列されている戦没者の書き残した記録を見ているうちに、僕は大正の人たちとも離れてきていることに気付く。

かつての慈愛に満ちて厳格な家族はもうない。男に意気地が失くなった分だけ、女は忙しくなり、男と同じジーパンを穿いている。自分の国を愛することを羞じらう。だいいち、絵ごころにしろ何にしろ、一途さというものを、とうに失くしてしまっている。

無言館ができて以来、今までに何度、僕は講演に招ばれただろう。その度、彼らの作品について語り、その背後の切ない人々の思いにも触れた。

幾度も繰返しているうちに、少しずつ物語りが組立てられていって、それ以外のことは思い出せない。つまり言葉の分だけが生き残ってきたわけだ。こんどの対談についても、はじめて受ける質問については新鮮に回想できるけれども、すでに繰返した事柄は、今までの時点で、まことしやかに作りあげた筋書きだ。

対談ということで、ひたすら喋りつづけた二日間、宿屋の庭に降りつもる白い雪を見ながら、僕はあの一面焼けただれた街の中に立ちつくしていた。めったに人とは出会わなかった。出会っても、あたりの廃墟の点景人物でしかない。あの風景はどこに消えてしまったのか。敗戦の放送を聴いたあと、あえて言うなら、今まですべての光景がこの中に呑み込まれてしまっている。戦前の僕の終点をここに置くか、生まれかわった第二の原風景として見るか。いずれにしても僕は戦後を知らない友人たちから離れて遠くに来ていることは確かだ。どんどん遠くなる。

戦争が終ってからの暫くは、軍隊で痛んだ体を引きずって、ただぶらぶらと日を過していた。時おり、紙と鉛筆をもって焼跡をほっつき歩き、ムキになって手を動かす。しかし何の変哲もない直線の羅列、こんな冷たい設計図からは自然のかけらも浮んでこない。遠くへ行きたい。日本を離れたい。逃れられるなら何處でもいいと思った。これは僕だけの虚脱感ではなく、おそらくあの情景に立たされた若者は、いちように何處かを夢見ていたはずだ。生き残り者だ。

無言館をもくろんだ当初から、僕たちは、戦争という言葉を避けてきた。〈戦争〉に限定してしまうと、彼らの遺した作品の意味が普遍性を失う。元凶は何であれ、死の執行猶予を言い渡された若者がどのように生きてきたかというひとつの証言が大事だったからだ。それらを掬いあげて多くの人々に知ってもらいたいと願ってのことだ。

だから、この対談でもあえて口にしなかった。しかし戦争という大きく重いものに、押し潰された若者の、これは無言の訴えだ。対談が進むにつれて、このどうにも遁れようのない時代の暗い影に消されてしまった恐ろしさが滲みてきた。

生物はすべて戦って生きている。人間は他の生きものとは違う崇高な理想を掲げながら、もっとも醜い殺戮を繰返す。その道具ばかりが、強力に開発されてゆく。永劫に動かない無言館の死者の眼差しが、他愛なく時代に押し流されてゆく僕たちを、じっと見つめているような気がしてならん。

対談のあとで

窪島誠一郎

この対談の終りのほうで、チラリと本音をもらしているのだが、私は心の底では、やっぱり「無言館は自分でつくった美術館」と思っているのかもしれない。「自分がいなければこの美術館はできなかった」とうぬぼれているのかもしれない。全国七十余軒のご遺族宅を手弁当で訪ねて遺作を収集したのも私だし、建設にあたって全国から寄付金を募ったのも私、それでも足りなかった建設費の半分を銀行から自分名義で調達したのも私だったのだから。

しかし、こうやって野見山さんと話をしていると、たちまちそんな「自負」がぐらつく。「自負」というより、自分が立っている「場所」がぐらつく。やはり「無言館」は自分の美術館ではないんだな、といった気分になってくる。

それはおそらく、私になくて野見山さんにあるもの、つまり復員画家野見山暁治がもつ

「無言館をつくる理由」（もしくは「つくらねばならぬ理由」）が、戦後の泰平をのほほんと生きた私には今一つ稀薄であるということに気付かされるからだ。今一つどころか、それはもはや何をもっても穴埋めできない、私と野見山さんの「戦争」に対する距離感の相違といっていいものだろう。

対談を読みかえしてみると、野見山さんが戦死した仲間たちのことを語るときの、その言葉がじつに正直でまっすぐなことがわかる。仲間だけじゃなく、私と訪れたご遺族、亡くなった画学生の弟さんやお姉さん、連れ添った奥さんを語るときもそうだ。それはまるで、自分自身が血をわけた兄弟たちの思い出をはなすように、ときとして「あの時代」そのものを懐旧し許容さえするかのようにおおらかなのだ。そんな時代との共有感が、私にはまるでない。

つまり、私にとって「戦争」は依然として、本や活字のなかで追うことのできる歴史的原罪ではあっても、野見山さんのように「その時代」と自分の来し方を重ね合わせて語ることなど不可能なのである。どんなに爪先立ってみても、私には「その時代」をふりかえることなんてできはしない。いってみれば、私にとって「無言館」の壁を飾る画学生たちの絵は、あくまでも六十余年前の戦時下を生きた見知らぬ若者の絵でしかなく、野見山さんにとっては終生忘れがたい画友の絵であり、戦友の絵なのである。

対談中、印象にのこったのは野見山さんがしきりと、「軍の組織とか規律とかに従うのがたまらなくイヤだった」「将校になったり幹部候補生になったりするのは抵抗があった」と言われていたことだ。それはべつに「反戦思想」だとか「厭戦思想」だとかいった仰々しいことではなく、じつに生理的かつ本能的な、ほとんど毛嫌いとでもいっていい感覚のものだったそうだ。そうした感覚も、もちろん理屈では十分わかるのだが、私が身体の芯から野見山さんの心情に寄り添えるかといえばうたがわしい。

なぜなら、私の場合はあの高度経済成長下、野見山さんとはまったく逆に「世間的な体裁」だとか「社会的な権威」だとかいうものに心をうばわれ、ほとんどそれを金科玉条のようにして生きてきた男だからである。それは何も私が若い頃のことだけではなくて、今も私に取りついている一種の処世術とでもいうべきもの、いわば戦後の日本が戦勝国のアメリカに対して服従してきた「長いモノには巻かれろ」主義なのである。私が野見山さんと同じ時代に生きていたら、きっとだれよりも軍の上層部にへつらい、将校や幹部をめざす鼻もちならない一兵卒になっていたことだろう。

要するに、私は野見山さんと話しているうちに、いかに自分がたどった「無言館」への道のりが、それまでの半生とはウラハラな、自己矛盾にみちた営みであったかということを再認識させられたのである。同時に、何がこうまで私を戦没画学生の遺作収集に駆り立て、「無言館」の建設に立ち向わせたのかという疑問を、もう一ど自らにぶつけざるをえなくなったのである。

いったい何が私を「夢遊病者」にさせたのか。

私はさかんに、空襲で焼け出された両親が苦労して自分を育ててくれたとか、幼い頃の貧困が人生観をつくったとか、戦後の繁栄が物の価値観をきめたとか、熱にうかされたようにしゃべっているけれども、コト「無言館」づくりに関するかぎり、それをもって建設の動機や理由とするには少々ムリがあるように思われる。何もあの時代、戦火に追われて地を這う生活を余儀なくされ、焦土から必死に立ち上ろうとしていた日本人は私だけではない。敗戦の対価としての経済繁栄を享受したにしても、それは戦後日本の国全体がそうであったので、それはとうてい一個人の罪に帰するものではない。私はどこかでそうした自分の出自や戦後体験を過剰に評価（？）し、わざわざ「無言館」を建設するためのアリバイに利用しているのではないかとさえ思われるのだ。だいたいそれだけのことで、何千万も借金をする男などいるだろうか。

ただ一つ、今の私にはっきりといえることは、十数年前に初めて野見山さんにお会いしたとき、野見山さんがポツリと、

「このままにしておけば戦死した仲間たちの絵はこの地上からなくなってしまう。それ

が残念だ」

といわれた一言が、私の心奥に眠っていた「絵」への執着をよびおこしたという決定的な事実である。

対談でいっている通り、私はそのとき「この画家の後ろを従いて行ってみよう。どれだけ集まるかわからないが、この世から消えてゆこうとしている画学生たちの絵を一点でも多く救出してやろう」という心境になったのだ。そして「たとえそれが一点であっても二点であっても、美術館の片隅に展示して多くの人にみてもらおう」というささやかなプランに胸をふくらませたのだ。

不遜な言い方になるけれども、そのときの私の気持ちは、野見山さんが戦地牡丹江で凍土の下にあるオレンジの皮を発見したときの気持ちに似ているのではないかと思う。野見山さんが靴の先でけずった氷の下にあらわれた、オレンジの鮮やかな「色彩」に惹かれたのと同じように、私もまた何十年もの歳月のカサブタのむこうにある、画学生たちが描いた絵の「色彩」を予見して胸をおどらせたのである。たまらなくその「絵」と会いたい、その「絵」の生命を守りたいという欲求におそわれたのである。それは野見山さんがいわれるように、「反戦思想」とか「厭戦思想」とかいったものではなく、ただ数十年前の時のかなたに、今も色褪せずに横たわっている画学生たちの絵の輝きに惹きこまれただけだ、とさえいっていいのだ。

私と野見山さんをむすびつけた『祈りの画集』の末尾に、野見山さんは「私が戦没者の家をたずねることにしたのは、多分、人間の本質にひそんでいる暴力の、その奪ってゆくものの怖さにあがいて、どこかにひそやかな平穏を探る気持ちがあるのだろう」と書かれている。

「無言館はなぜできたのか」の答えになるかどうかわからぬけれども、私にとっても野見山さんにとっても、「無言館」への旅はまさしく画学生たちの絵の底にひめられた「平穏」をもとめる旅だったことだけはたしかなようだ。

戦没画学生慰霊美術館
無 言 館
【住所】〒386-1213　上田市古安曽字山王山 3462
【電話】0268-37-1650
【FAX】0268-37-1651

野見山暁治（のみやま・ぎょうじ）
1921－2023年、福岡県生れ。画家、エッセイスト、文化功労者。東京美術学校（現・東京芸術大学）油画科卒業、元東京芸術大学教授。『四百字のデッサン』（河出書房新社）で日本エッセイスト・クラブ賞、安井賞、芸術選奨文部大臣賞、毎日芸術賞を各受賞。画集に『野見山暁治作品集』（講談社）があるほか、主著に『一本の線』（朝日新聞社）、『うつろうかたち』（平凡社）、『いつも今日―私の履歴書―』（日本経済新聞社）、『空のかたち―野見山暁治美術ノート―』（筑摩書房）などがある。

窪島誠一郎（くぼしま・せいいちろう）
1941年、東京生まれ。作家、戦没画学生慰霊美術館「無言館」、「残照館」館主。父親は小説家の水上勉。無言館の活動により第53回菊池寛賞受賞。『父への手紙』（筑摩書房）、『「無言館」の坂道』（平凡社）、『漂泊・日系画家野田英夫の生涯』（新潮社）、『高間筆子幻景』（白水社）、『戦没画家　靉光の生涯』（新日本出版社）、『無言館の庭から・正続』（かもがわ出版）など、100冊余りの著作がある。

《新装版》無言館はなぜつくられたのか

2025年4月1日　第1刷発行

著　者　ⓒ野見山暁治／窪島誠一郎
発行者　田村太郎
発行所　株式会社　かもがわ出版
〒602-8119　京都市上京区堀川通出水西入
TEL075（432）2868　FAX075（432）2869
振替01010-5-12436
ホームページ https://www.kamogawa.co.jp
印刷所　新日本プロセス株式会社

ISBN978-4-7803-1366-6 C0095

戦争と科学者
——知的探求心と非人道性の葛藤

安斎育郎
四六判、144 頁
定価 1760（税込）

戦争と美術
——戦後80年、若者たちに伝えたい

安斎育郎／窪島誠一郎
／佐喜眞道夫
四六判、164 頁
定価 1980（税込）

私の反原発人生と
——福島プロジェクトの足跡

安斎育郎
四六判、200 頁
定価 1980（税込）

無言館の庭から 正・続

窪島誠一郎
正・続　四六判、208 頁
正・続　定価 1980（税込）